COMPRENDRE
le monde

ENSEIGNEMENT MORAL ET CIVIQUE

ELSA BOUTEVILLE
BENOIT FALAIZE

CP-CE1-CE2

RETZ
editions-retz.com

De formation linguistique et sciences humaines, **Elsa Bouteville** est professeure des écoles à Paris.

Agrégé et docteur en histoire, **Benoit Falaize** a été formateur pendant plus de 15 ans à l'IUFM de Versailles puis à l'ESPÉ de l'université de Cergy-Pontoise. Professeur d'histoire et de géographie, il a d'abord été chargé de mission sur l'Illettrisme au Groupe permanent de lutte contre l'illettrisme, puis chercheur à l'Institut national de recherche pédagogique (INRP), chargé des questions sensibles de l'enseignement de l'histoire. Il a également rédigé une thèse sur l'histoire de l'enseignement de l'Histoire à l'école élémentaire, de la Libération à nos jours.

CRÉDITS PHOTOGRAPHIQUES

p. 8 : © Michelle Brabo / OPALE. p. 10 : © Photo12 / Alamy. p. 22 ht g : © Estate of Roy Lichtenstein New York / Adagp, Paris, 2017 – Cliché : Banque d'Images de l'ADAGP. p 22 ht m : © RMN / Michel Urtado. p 22 ht d : © RMN / Daniel Arnaudet. p. 22 bas g : BIS / © Munch Museet, Munch Ellingsen Group. p. 22 bas d : © Bridgeman Images. p. 39 : Musée d'Orsay, Paris © Photo Josse / LEEMAGE. p. 43 : Coll. Rossignol / KHARBINE-TAPABOR. p. 45 : © INPES-Santé. p. 47 : Ph. Bikeriderlondon / © Shutterstock. p. 58 : © Serge Maury – RATP. P. 59 ht g, p. 60 ht g et p. 61 ht g : © INPES-Santé. P. 59 ht m, p. 61 ht m et p. 62 ht m : © Mathieu / COLORISE. p. 60 ht d et p. 61 ht d : © INPES-Santé. P. 59 bas g, p. 60 bas g et p. 61 bas g : Affiche éditée en 2010, dans le cadre d'une campagne réalisée par le ministère du Logement sur la prévention des incendies domestiques. p. 59 bas d, p. 60 m g et p. 61 m g : © DGCRF / INPES-Santé. p. 60 bas d, p. 61 bas d et p. 62 : © Conseil supérieur de l'audiovisuel-CSA. p. 63 : © iStock. p. 64 : Éditions spéciales PlayBac pour la Sécurité routière, 2016. p. 72 : Ph. Rawpixel / © Shutterstock. p. 81 ht : Musée de l'Orangerie / Coll. Archives SEJER. p. 81 bas : Ph. PRIMARDECO © Collection Particulière. p. 74 et 82 ht g : Musée de l'Orangerie, BIS / © Archives Larbor. p. 74 et 82 ht d : Ph. © RMN-Grand Palais (Musée de l'Orangerie) / Franck Raux. p. 74 et 82 bas g : Musée d'Orsay Paris, BIS / © Archives Larbor. p. 74 et 82 m bd : © RMN – Grand Palais (Musée du Louvre) / Gérrd Blot. p. 98 : Iliveinoctober / © Shutterstock. p. 126 : © Ministère de l'Éducation nationale, 2001. p. 130 : Grmarc / © Shutterstock. p. 141 ht, m et bas : © Elsa Bouteville. p. 152 et p. 154 : © Robert Doisneau / GAMMA-RAPHO. P. 155 : © iStock. p. 157 ht et bas : © iStock. p. 159 : © Fondation Jérôme Lejeune. p. 172 et p. 174 : © travail-emploi.gouv.fr/convention-enfants.fr. p. 183 : BIS / Ph. Hubert Josse © Archives Larbor. p. 186 : © iStock. p. 188 : © BEN / Adagp, Paris 2014. p. 189 : Avec l'aimable autorisation de BEN. p. 208 : Ph. Yuryev Pavel / © Shutterstock. p. 212 : BIS / © Archives Larbor. p. 124 ht g et p. 215 ht g : © Zoladz M. / URBA IMAGES SERVER. P. 214 ht d et p. 215 ht d : Ph. Frédéric Combes / illustrez-vous / FOTOLIA. P. 214 bas g et p. 215 bas g : Ph. Pack-Shot / FOTOLIA. p. 214 bas d et p. 215 bas d : © Adoc-photos.

Cet ouvrage est conforme à la nouvelle orthographe
www.orthographe-recommandee.info

Cet ouvrage suit l'orthographe recommandée par les rectifications de 1990
et les programmes scolaires.
Voir le site http://www.orthographe-recommandee.info et son miniguide d'information

Direction éditoriale : Céline Lorcher
Correction : Florence Richard
Maquette : Marylène Lhenri
Mise en page et CD-Rom : STDI
Illustrations : Aurélia Vernhes
Recherche iconographique : Danièle Portaz

ISBN : 978-2-7256-3536-1
N° de projet : 10242390
Dépôt légal : janvier 2017
Achevé d'imprimer en France en janvier 2018, sur les presses des Imprimeries Champagne.

FSC
www.fsc.org
MIXTE
Papier issu de sources responsables
FSC® C022030

Sommaire

Présentation générale

Bien que l'éducation civique soit souvent un domaine négligé dans les pratiques de classe, elle a toujours été un impératif des programmes, et ce d'autant plus depuis la promulgation des programmes d'enseignement moral et civique en 2015. En effet, si l'école dispense des contenus, des savoirs, elle est là également pour développer un **savoir-être.** Il s'agit de donner l'envie plus que de faire savoir, de faire adhérer plus que d'imposer. L'éducation civique est inscrite aux différentes Instructions officielles depuis plus de cent ans. À leur manière, les initiateurs de l'école publique de la IIIe République affirmaient déjà que les effets de l'école publique et des cours d'éducation civique se mesuraient non seulement dans l'atmosphère de la classe ou de l'école, mais aussi à l'extérieur de celle-ci. Plus tôt ce travail est fait, plus vite les enfants construisent des notions essentielles à la vie démocratique.
Ce volume d'activités concernant l'enseignement moral et civique pour les **CP, CE1 et CE2** place le **respect** au cœur des réflexions et des démarches de classe.

OBJECTIFS

Les objectifs de cet ouvrage sont nombreux :
– réfléchir aux grandes valeurs citoyennes et morales - en un mot, humanistes - de notre vie en société ;
– débattre autour de situations réelles et vécues qui se posent chaque jour dans la vie en collectivité ;
– comprendre le sens profond des valeurs qui animent notre société, comme le respect, la tolérance, la liberté et l'égalité, la loi, la fraternité… ;
– développer des attitudes et des comportements qui permettent de bien vivre ensemble ;
– commencer à se forger un sens critique et un avis responsable et réfléchi sur les relations entre les personnes, entre soi et les autres, entre soi et la société ;
– permettre aux enfants d'accéder à des œuvres culturelles (littérature, peinture, etc.) sous l'angle de la citoyenneté.

UN OUVRAGE AUX ACTIVITÉS TRANSVERSALES

Toutes les séances sont fondées sur l'interdisciplinarité et la dimension transversale des activités. Les documents proposés proviennent généralement des arts, de la littérature. Ils permettent de développer des réflexions civiques, en même temps que d'enrichir la culture et la pratique artistiques, et contribuent également à la maitrise de la langue et au développement du vocabulaire.

Les fiches activités invitent à travailler non seulement autour de l'oral, par le débat argumenté, mais aussi autour de l'écrit, du dessin, du collage, de la création d'affiches.

LA CITOYENNETÉ AU QUOTIDIEN

Les 32 séances présentées dans l'ouvrage proposent des activités sur un créneau horaire inscrit dans un emploi du temps hebdomadaire. D'une durée de 50 minutes en moyenne, les séances permettent de travailler les notions proposées dans la régularité des activités d'une année scolaire.
Pour autant, l'enseignement moral et civique doit pouvoir se faire à chaque moment de la classe, quand la situation se présente, quand il est à propos de dire ou de rappeler les règles essentielles et les valeurs de la citoyenneté. Les évènements extérieurs à l'école, ceux qui concernent l'école, la cour de récréation ou la classe même (bagarres, insultes, moqueries, etc.), obligent souvent l'enseignant(e) à travailler et à échanger autour des notions essentielles telles que la tolérance, le respect, l'égalité, le respect de la loi, etc.
Ce fichier sert à appuyer des questions qui surgissent dans l'année, mais aussi à anticiper les problèmes qui se posent à toute vie collective, en permettant une réflexion en amont. La démarche proposée permet d'éviter l'effet « catéchisme » des leçons de morale : « il ne faut pas faire ceci », « il ne faut pas dire cela »… Ici, c'est l'enfant qui construit lui-même, par la réflexion et l'échange de points de vue, son **jugement** moral, son **sens de la responsabilité** et de **l'engagement** dans la vie sociale.

ORGANISATION DE L'OUVRAGE

Le choix a été fait de modifier l'intitulé des programmes et de les présenter différemment afin de les rendre plus parlants aux élèves de cycle 2. Pour autant, les thèmes comme la sensibilité, l'engagement, le jugement, le droit et la règle sont présents à chaque séance. Pour chacune, l'enseignant bénéficie d'un éclairage sur la notion étudiée afin de donner des repères sur les contenus abordés avec les élèves.
Les séances, problématisées, ont pour support initial un document pouvant être affiché et/ou photocopié et qui sert de point de départ à une réflexion collective. Les enfants sont amenés à donner leur point de vue, à argumenter, à échanger sur chaque question soulevée. Puis, une fiche activité (ou parfois une activité seule, sans support) est proposée afin de permettre

aux enfants d'approfondir la notion. Une trace écrite est élaborée avec la classe, dont une proposition est donnée. Enfin, des maximes ou citations sont suggérées afin de pouvoir fixer l'essentiel de ce qui a été vu et pour se constituer un répertoire de phrases connues.

Le 💿 comporte tous les documents (à afficher ou à imprimer) de ce fichier.

En complément sont proposées trois vidéos qui illustrent comment mettre en place les séances des thèmes : « Je suis une personne », et « La liberté ». Ces films ne constituent pas une norme mais sont à prendre comme un exemple, une manière de faire.

COMMENT ORGANISER SON TRAVAIL ?

Les fiches activités peuvent être rassemblées dans un porte-vues individuel, avec les traces écrites des élèves. Une autre possibilité : l'enseignant peut faire le choix de rassembler plusieurs disciplines dans un même cahier partagé en deux parties, voire plus.

Présentation du DVD-Rom

Organisé par thème et par séance, le DVD-Rom contient tous les éléments nécessaires pour mener la séance en classe.

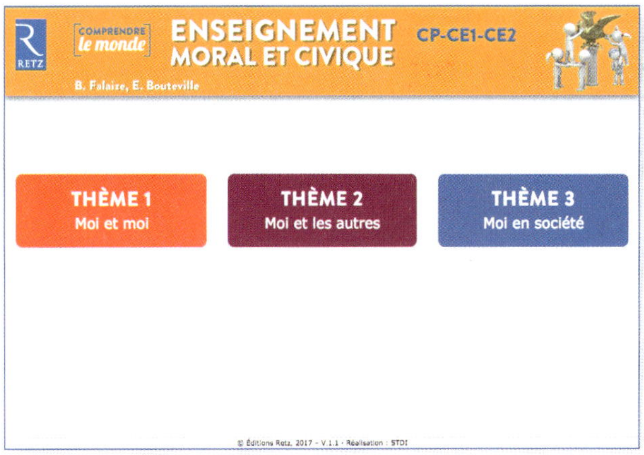

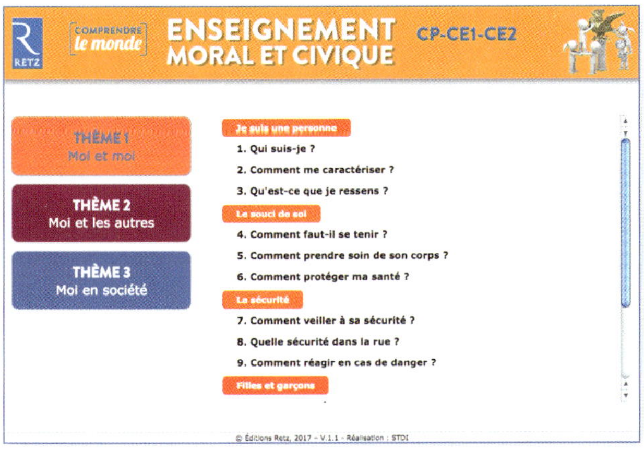

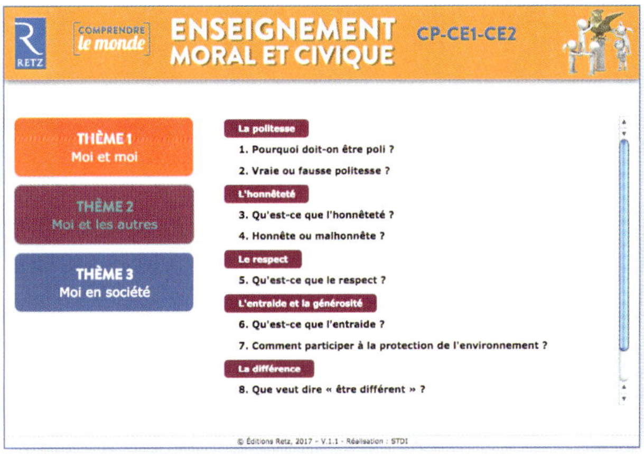

* Des documents de référence à étudier en collectif sont également vendus à part, dans une pochette de posters.

• CLIQUER SUR LE NOM DU DOCUMENT POUR L'OUVRIR, LE PROJETER OU L'IMPRIMER

Le logiciel automatiquement utilisé pour cet affichage (Adobe Reader, Aperçu, Lecteur...) permet d'agir sur le document : zoom, rotation, impression...

Ouvrir une fiche document ou une fiche activité :

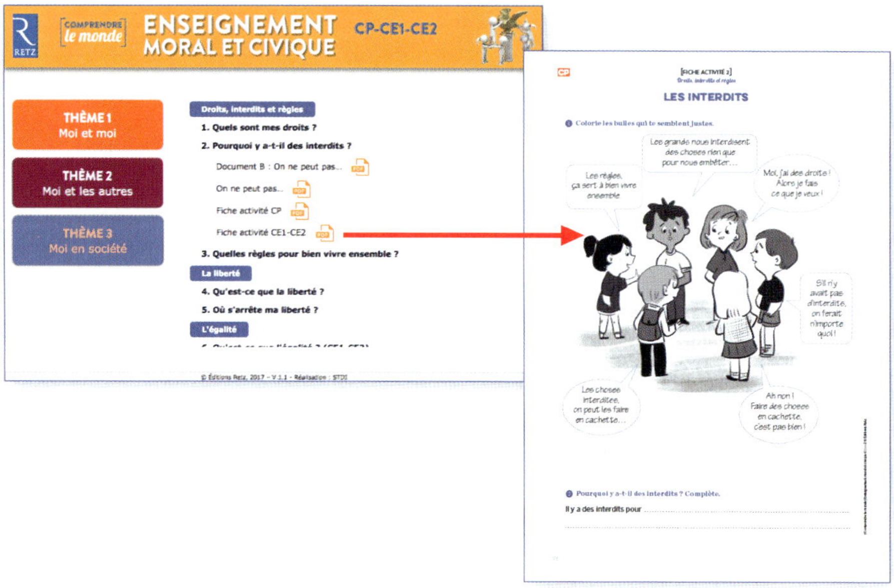

Afficher une image :

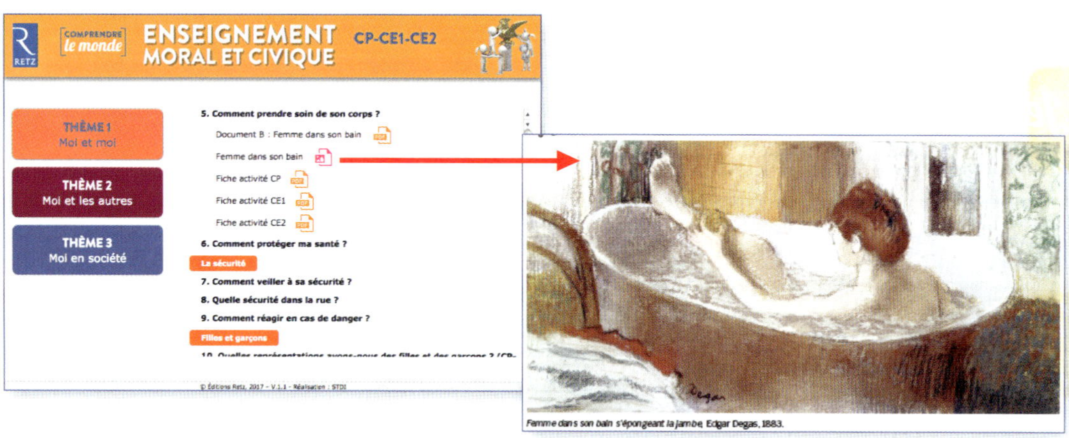

Lancer une vidéo :

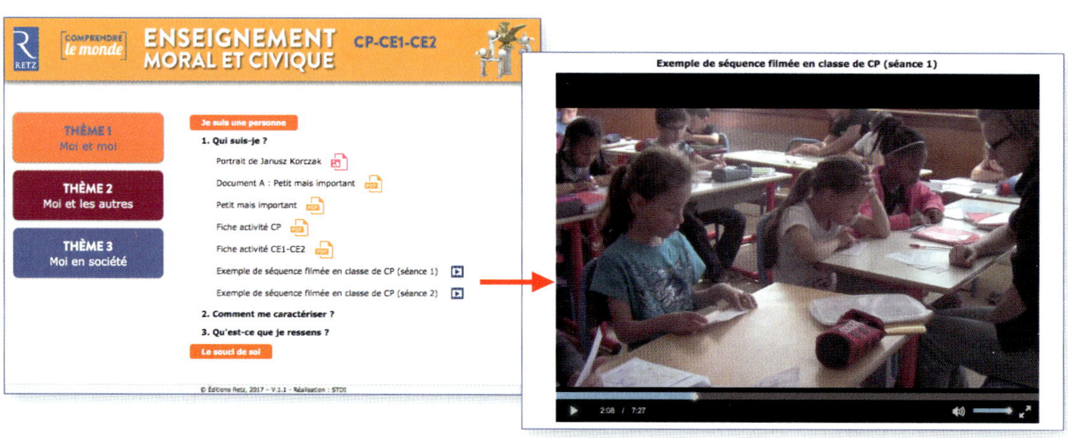

Télécharger un mode d'emploi détaillé sur www.editions-retz.com

THÈME 1

MOI ET MOI

SÉANCES 1 À 3

Je suis une personne

INFORMATIONS POUR L'ENSEIGNANT

Qui suis-je ? Voici une des questions les plus anciennes de l'humanité. La problématique de l'identité n'a cessé d'être une question depuis l'origine des sociétés humaines : identité sexuelle, familiale, du groupe, du clan ; identité locale, régionale, nationale : autant de déclinaisons possibles du fait de se sentir une personne. Mais cette question se pose aussi en termes de droits. Et le premier d'entre eux, celui d'être reconnu au sens juridique et au sein du groupe, c'est, en fin de compte, être respecté : avoir le droit à une identité, avoir des droits que la société me reconnait. J'existe parce que je suis reconnu comme faisant partie de la communauté, quelle qu'elle soit. L'état civil (grande conquête révolutionnaire) et la carte d'identité en attestent.

Longtemps, la société a pensé qu'un enfant, un mineur, ne pouvait être traité comme une personne à part entière. Or il s'agit d'une personne. Françoise Dolto, parmi les premiers spécialistes de la petite enfance, dans la continuité des pédagogues de la fin du XIXe siècle, a su montrer que, dès le stade du nourrisson, l'enfant est une personne, capable très tôt de comprendre, de sentir, de réfléchir et de communiquer. La place des enfants a évolué au cours des siècles. Il faut toujours avoir à l'esprit que la mortalité infantile (qui a existé parfois longtemps, jusqu'au milieu du XXe siècle dans certains milieux sociaux) rendait différente la place des enfants et l'attention qu'on leur portait. Deux historiens de l'Ancien Régime (E. Shorter et Ph. Ariès) ont même montré comment l'idée d'amour maternel a pu évoluer pour s'épanouir à partir du XIXe (avec les progrès de la médecine) et tout à fait au XXe siècle, quand les couples ont eu moins d'enfants et que la mort d'un nourrisson ou d'un enfant est devenue d'autant plus insupportable qu'elle était de plus en plus rare, voire exceptionnelle. Signe de la place nouvelle des enfants au XXe siècle : les organisations mondiales se dotent d'une Déclaration des droits de l'enfant. D'abord la Déclaration de Genève par la Société des nations en 1924, qui insiste sur la protection de l'enfance et la responsabilité de l'adulte à son égard ; et enfin, en 1959, celle de l'ONU.

> **Identité :** *ensemble des caractéristiques qui définissent une personne et par lesquelles les personnes se définissent.*

Chaque personne est donc unique, et en même temps, chacun appartient à la même espèce humaine. Il en découle que chacun peut avoir des éléments communs avec d'autres de la même espèce humaine, alors que l'empreinte

Françoise Dolto, 1963.

digitale est le symbole d'une unicité, ainsi que l'ADN qui n'appartient qu'à une personne sur Terre. Être unique et pourtant semblable aux autres, voilà ce qui caractérise l'identité.

COMMENT L'EXPLIQUER AUX ENFANTS ?

Il conviendra de faire sentir aux élèves que chaque enfant est défini par des émotions, ou même des éléments très objectifs qui permettent de se singulariser : le lieu de naissance, le nom, avoir des frères et sœurs. C'est-à-dire des choses qui n'appartiennent qu'à un et des choses qui sont partagées par tous, ceci afin de développer le sentiment d'une appartenance collective à une même humanité. À la naissance, on a tous un nom (généralement celui du père), un prénom, donné par les parents, qui nous distinguent des frères et sœurs ou des autres membres de la famille. Et si l'on appartient à une même famille, à une même commune, à une même école, il n'empêche que nos désirs, nos ambitions, nos goûts ou nos manières de penser peuvent être différents.

SUPPPORT VIDÉO POUR L'ENSEIGNANT

Un exemple filmé en classe des séances 1 et 2 est proposé sur le (DVD), afin d'en faciliter la mise en œuvre.

SÉANCE 1
Qui suis-je ?

DÉROULEMENT DE LA SÉANCE

Connaissances
- *Connaitre Janusz Korczak.*
- *Comprendre la notion de respect.*
- *Découvrir que chaque enfant a des droits.*

Capacités
- *Lire un petit texte (CE1/CE2).*
- *Comprendre et dégager les idées essentielles d'un texte.*
- *Savoir distinguer des phrases proches (CP).*
- *Compléter des phrases pour écrire ses droits (CE1/CE2).*
- *Se représenter sous forme de portrait dessiné.*

Lexique
- *Comprendre l'expression* avoir le droit au respect.
- *Connaitre le mot* portrait *(en dessin).*

DURÉE : 1 heure.

ÉTAPE 1 OBSERVATION ET RÉFLEXION AUTOUR DU TEXTE

DURÉE 15 minutes
ORGANISATION Collective
MATÉRIEL • Fiche document A : Petit mais important
• Portrait de Janusz Korczak

> **Afficher[1] le portrait** de Korczak.
L'enseignant présente le portrait en précisant qu'il s'agit d'un homme qui était médecin pédiatre (polonais), notamment dans des orphelinats, et qui s'est beaucoup occupé des enfants et du respect de leurs droits. Particulièrement sensibilisé aux conditions de vie de ces orphelins, Janusz Korczak (1878-1942) s'est beaucoup battu pour le respect de leur personne.
L'enseignant annonce qu'ils vont découvrir un extrait d'un texte écrit par cet homme. Le texte est donné aux enfants, et si possible projeté. Au CP, l'enseignant lit le texte, ou le fait lire par les enfants qui en sont capables. En CE1 et en CE2, la lecture se fait d'abord individuellement puis collectivement. L'enseignant pose ensuite des questions sur le texte, par exemple :

> **Qui parle dans ce texte ? Qui dit *je* ?** *Un enfant.*

> **Que dit-il ?**
Il s'agit de laisser les élèves lire les phrases et reformuler à l'oral ce qu'ils ont compris : *les enfants sont petits mais importants, ils ont droit au respect*... L'enseignant porte une attention particulière à cette expression :

> **Qu'est-ce que cela veut dire : avoir le droit au respect ?**
Il laisse les enfants répondre puis conclut : « Cela signifie que même si les enfants sont plus petits que les adultes, ils ont droit au fait que : on leur parle poliment, on les regarde correctement, on s'occupe d'eux convenablement, on fasse attention à eux... C'est cela le respect. »
Puis l'enseignant invite la classe à se pencher plus précisément sur la dernière phrase :
• *J'ai une histoire :* Interroger les élèves, les laisser faire des hypothèses puis dire que chaque personne, chaque enfant a son histoire, c'est-à-dire qu'il est né dans un pays ou une ville spécifique, que sa famille et lui ont vécu des choses particulières (changement de pays, déménagement, séparation...). Les laisser évoquer leurs émotions à ces propos.
• *Les gens qui travaillent dans ces lieux où je reste un peu, mais où je ne fais que passer, devraient savoir...* Demander aux élèves qui sont ces gens dont parle l'enfant : les enseignants, les animateurs des lieux d'activités (extra-scolaires), le personnel des hôpitaux, etc. Ce qui signifie, et il est important de le préciser aux enfants, qu'à l'école comme ailleurs ils doivent être accueillis dans le respect de ce qu'ils sont, de leur identité et de leur histoire (quelle qu'elle soit).
• *J'ai un avenir :* Après avoir laissé les élèves s'exprimer, expliquer que cette phrase veut dire que chaque enfant va grandir, devenir un adulte, et va pouvoir réaliser sa vie, c'est-à-dire avoir un travail, une maison, une famille ou encore accomplir ses rêves...

ÉTAPE 2 ÉLABORATION D'UN PORTRAIT : SE DÉFINIR EN TANT QUE PERSONNE

DURÉE 30 minutes
ORGANISATION Individuelle
MATÉRIEL • Fiche activité 1 : Moi

CP

L'enseignant lit les consignes à la classe et s'assure de la bonne compréhension des élèves. L'objectif est de réaliser un portrait en se dessinant tout en sélectionnant, parmi les étiquettes

1. Dans tout l'ouvrage, « afficher » signifie vidéoprojeter au fixer une sortie papier grand format au tableau (la plupart des documents à étudier en collectif sont vendus séparément dans une pochette de posters de 42 × 60 cm).

proposées, celles qui font écho aux droits des enfants. Préciser que certaines étiquettes correspondent exactement aux propos du texte : les élèves peuvent donc le relire à tout moment pour construire leur portrait. L'enseignant rappelle éventuellement ce qu'est un portrait illustré : c'est une représentation, un dessin de la personne de la tête aux épaules.

CE1 ET CE2

Les consignes sont lues collectivement. Ici, ce sont les enfants qui écrivent leurs droits, au besoin à l'aide du texte, en terminant les phrases amorcées. L'enseignant peut demander à la classe de proposer des exemples de droits avant de commencer l'exercice, en les validant ou non. Pour le deuxième exercice, il précise éventuellement, comme au CP, ce qu'est un portrait et explique que les enfants ont à choisir le passage qu'ils préfèrent dans le texte de Korczak.

ÉTAPE 3 REPRISE COLLECTIVE

DURÉE 15 minutes
ORGANISATION Collective
MATÉRIEL • Fiche activité 1 complétée
• Fiche document A : Petit mais important

Au CP comme en CE1 et en CE2, le travail est corrigé individuellement. L'enseignant vérifie le bon choix des étiquettes au CP, et la bonne écriture des phrases en CE1 et en CE2.
Puis collectivement et oralement, les enfants tentent de dégager les idées essentielles de la séance et de résumer les points importants notés au fur et à mesure au tableau.

SÉANCE 2
Comment me caractériser ?

DÉROULEMENT DE LA SÉANCE

Connaissances
- *Connaitre les caractéristiques d'un enfant (personne, droit, respect).*
- *Connaitre les principaux éléments de sa personne.*
- *Connaitre le caractère unique des empreintes.*

Capacité
- *Distinguer nom et prénom.*

Lexique
Comprendre le mot caractéristiques.

DURÉE : 35 minutes.

ÉTAPE 1 MISE EN SITUATION

DURÉE 10 minutes
ORGANISATION Collective

L'enseignant commence par faire rappeler le texte de la séance précédente et notamment le fait que les enfants doivent être considérés comme des personnes à part entière, ayant des droits et méritant le respect. Il annonce alors le travail à venir : remplir une petite fiche permettant de se présenter, dire qui l'on est. Il interroge pour cela la classe quant aux critères de définition d'une personne :

> **De quoi peut-on parler pour caractériser une personne ? Pour dire comment elle est ?**

Après avoir laissé les enfants faire des propositions, l'enseignant propose : *le nom, le prénom, l'âge, la taille, la couleur des yeux, des cheveux… mais aussi des traits de caractère* (voir les exemples proposés ci-après).

ÉTAPE 2 RÉALISATION D'UNE FICHE POUR DÉFINIR SON IDENTITÉ

DURÉE 15 minutes
ORGANISATION Individuelle
MATÉRIEL • Fiche activité 2 : Mon identité

Le travail à réaliser est expliqué oralement au CP comme au CE1 et au CE2. Chaque « item » est lu collectivement.

CP

Bien préciser qu'il faut soit entourer, lorsque les propositions sont déjà données, soit colorier (la couleur des cheveux), soit écrire des informations, lorsqu'il y a des lignes à compléter.

CE1 ET CE2

Les rubriques *ma principale qualité / mon principal défaut* sont expliquées. L'enseignant interroge les enfants avant de donner des exemples : *être gentil, drôle, intelligent, partageur*… C'est-à-dire toutes les bonnes attitudes, les bons gestes que l'on apprécie chez quelqu'un. Puis l'enseignant explique que les défauts, c'est tout le contraire : il s'agit d'attitudes qui sont « mauvaises » chez une personne. Par exemple : *être bruyant, être moqueur, être égoïste, ne pas respecter les autres*…

CP, CE1 ET CE2

Dans tous les cas, l'enseignant peut aider les enfants à écrire les mots nécessaires en les écrivant au tableau. Enfin, il explique comment remplir la case *empreinte* en posant de l'encre sur son index et en l'appuyant sur la feuille. Cette dernière action est à prendre comme une sorte de signature : en effet, l'enseignant précise que les empreintes digitales sont uniques, c'est-à-dire qu'elles sont un signe de reconnaissance personnelle dans la mesure où aucun être humain au monde ne possède les mêmes exactement.

ÉTAPE 3 MISE EN COMMUN

DURÉE 10 minutes
ORGANISATION Collective
MATÉRIEL • Fiche activité 2 complétée

Les fiches peuvent être affichées afin que les enfants les observent ensemble et prennent conscience qu'elles sont propres à chacun(e) : autrement dit, chaque personne se caractérise différemment par son nom, son prénom, sa date de naissance... Au sujet des empreintes, les enfants trouveront sans doute qu'elles se ressemblent toutes. À l'enseignant de rappeler qu'à l'œil nu, les empreintes peuvent paraitre semblables mais qu'en réalité, elles diffèrent toutes. Pour finir, l'enseignant peut demander :

> **Que remarquez-vous quand vous regardez toutes les fiches ?**

L'enseignant laisse les enfants faire des propositions puis il conclut que chacun possède sa propre identité et ses propres caractéristiques. Autrement dit, chacun est une personne unique.

SÉANCE 3
Qu'est-ce que je ressens ?

DÉROULEMENT DE LA SÉANCE

Connaissances
- *Identifier des émotions.*
- *Savoir les nommer.*
- *Explorer la diversité des sentiments.*

Capacités
- *Pouvoir exprimer ce que l'on ressent.*
- *Trouver des moyens d'expression.*

Lexique
Connaitre les mots tristesse, joie, peur... *et éventuellement des synonymes.*

DURÉE : 35 minutes.

ÉTAPE 1 ÉCHANGER AUTOUR DU DOCUMENT

DURÉE 15 minutes
ORGANISATION Collective puis individuelle
MATÉRIEL • Fiche document B : Les émotions

CP ET CE1

Le document est distribué à chaque élève et/ou vidéoprojeté. L'enseignant laisse le temps aux enfants de le lire. En CP, il peut lui-même le lire ou le faire lire collectivement par les élèves qui en sont capables. Il fait remarquer la bouche ouverte du lion et les onomatopées, qui montrent que le personnage est en train de dire des choses, de s'exprimer. Puis il demande :

> Que signifie la phrase : « *On peut parler de ce qu'on ressent* » ?
Cette dernière est expliquée collectivement, au besoin à l'aide de questions. L'enseignant laisse les enfants faire des propositions puis explique : « Cela signifie que chacun peut dire, parler de ce qu'il ressent lors d'un évènement, d'une situation… dans sa vie. Ce que l'on ressent, ce sont les émotions (ou les sentiments), par exemple la joie, la tristesse… » Il invite les élèves à trouver des exemples d'émotions (dans des situations concrètes), à les nommer. Il les écrit au tableau au fur et à mesure (peur, colère, joie, surprise, dégout…).
L'enseignant demande alors aux élèves :

> Pourquoi cette page de l'album insiste sur l'importance d'exprimer des émotions ?
Après les avoir laissés réfléchir et faire des propositions, il conclut : « C'est important de parler de ce que l'on ressent, de dire si on est triste, si on a peur, si on n'est pas content… parce que ça peut nous aider. » Il peut donner des exemples : « Quand on est triste, si on reste seul et qu'on n'en parle pas, personne ne pourra nous consoler et nous comprendre ; tandis que si l'on en parle à quelqu'un, ça peut nous faire du bien, nous aider. » De même, quand on est en colère, il est préférable d'expliquer pourquoi plutôt que de s'énerver inutilement, afin de mieux résoudre le problème. Il ajoute que tout le monde éprouve des sentiments et qu'il n'y a pas à les cacher ni à en avoir honte. Il peut préciser aussi qu'il n'y a pas de honte à pleurer si l'on est touché par quelque chose. On doit respecter les émotions des uns et des autres et accepter de ressentir ses propres émotions et les partager si nécessaire.

CE2

Distribuer et/ou vidéoprojeter les cinq tableaux. Laisser les enfants les observer. Puis demander :

> Que nous montrent tous ces tableaux ?
En dehors du fait qu'ils représentent tous des personnes, c'est sur leurs émotions qu'il faut orienter les enfants :

> Il y a des hommes et des femmes, oui. Ce que nous allons essayer d'observer, ce sont leurs émotions, ce qu'ils ont l'air de ressentir.
Prendre les tableaux un par un et nommer les émotions : *tristesse, satisfaction (joie), colère, terreur, effroi, mélancolie…*
Pour chaque personnage, faire imaginer ce qui a pu lui arriver, dans quelle situation il se trouve et développer le champ lexical des émotions. Par exemple, pour le tableau de Lichtenstein, imaginer que cette femme vient d'apprendre une mauvaise nouvelle, qu'elle a perdu un amour, ou encore qu'elle pleure de joie !
Demander alors comment on est quand on est triste : *mal, sombre, abattu, morose…*

ÉTAPE 2 — IDENTIFIER ET ÉCRIRE L'EXPRESSION D'UNE ÉMOTION

DURÉE 20 minutes
ORGANISATION Collective puis individuelle
MATÉRIEL • Fiche document B : Les émotions
• Fiche activité 3 : J'exprime des sentiments

CP ET CE1

L'enseignant fait relire les onomatopées figurant sur le document puis demande d'imaginer ce que ressent le lion. Par exemple, la bulle « Roar » peut renvoyer à la colère, la bulle « Grr » à la peur et la bulle « Purrr » à la joie. Ou bien toutes les bulles peuvent exprimer la peur de plusieurs manières. Il n'y pas qu'une seule réponse : l'enseignant sollicite l'imagination des enfants.
Puis il distribue la fiche activité. Il fait lire collectivement la consigne.

Au CP, les bulles proposées sont lues une à une. L'enseignant insiste sur le fait que c'est à chacun de choisir les phrases qui semblent correspondre le mieux à « leur » lion (il ne s'agit pas de toutes les coller) ; mais elles doivent aller ensemble, c'est-à-dire exprimer le même sentiment.
Au CE1, l'enseignant précise également que les phrases du lion doivent toutes exprimer la même émotion.

CE2

L'enseignant distribue la fiche activité et fait lire collectivement la consigne.

ÉTAPE 3 REPRISE COLLECTIVE ET ÉLABORATION D'UNE TRACE ÉCRITE

DURÉE 10 minutes
ORGANISATION Collective
MATÉRIEL • Fiche document B : Les émotions
• Fiche activité 3 complétée

CP

L'enseignant procède à une lecture collective des bulles choisies puis demande à chacun de préciser quelle émotion ressent « leur » lion. Par exemple, si un élève a choisi les bulles « Je me sens mal, Je suis triste… », il invite à nommer le sentiment général de ce lion, afin que le groupe-classe puisse repérer et nommer les différentes émotions.

CE1

L'enseignant corrige individuellement les bulles (orthographe, juste choix des émotions) puis il demande ensuite aux volontaires de lire leurs bulles et de préciser de quelle émotion il s'agit.

CE2

Les titres de tableau sont proposés et discutés : correspondent-ils bien au tableau ?
Pour le deuxième exercice, chaque idée est lue collectivement et discutée. L'essentiel est d'argumenter son point de vue et de faire émerger l'idée qu'il n'y a pas des émotions meilleures que d'autres. Par exemple, pleurer n'est pas pire que de ressentir de la joie. Qu'elles soient tristes ou gaies, les émotions peuvent être exprimées, sans que l'on ait à craindre d'être jugé. Pour la colère, la question est de savoir comment l'exprimer. Tout le monde a le droit de ressentir de la colère, mais il faut savoir la manifester de préférence avec des mots. À défaut de pouvoir dire ses émotions, on peut les écrire par exemple (question 3).
Pour la dernière question, laisser répondre puis lever le stéréotype qui consiste à croire que les garçons sont « plus forts » et moins émotifs que les filles. C'est l'*expression* des émotions qui diffère souvent mais toute personne, homme ou femme, est emplie d'une multitude d'émotions.

> ***Un enfant est une personne. Il est unique et important. Il a un prénom, un nom, un caractère… mais aussi des droits. Il ressent des émotions comme la joie, la peur ou la tristesse et il peut les exprimer.***
>
> ***Toute personne mérite d'être respectée.***

PROLONGEMENTS

- En séance d'arts plastiques, faire réaliser un autoportrait à la peinture.
- Faire lire *Korczak pour que vivent les enfants*, par Ph. Meirieu et PEF (Éditions Rue du monde), qui raconte son histoire et son engagement.

PETIT MAIS IMPORTANT

Je suis petit mais important. J'ai le droit d'être respecté, et mes parents aussi, dans tous les lieux où je suis accueilli, avec ou sans eux. J'ai le droit de ne pas avoir peur et de ne pas avoir mal quand on me soigne.
Les gens qui travaillent dans ces lieux où je reste un peu, mais où je ne fais que passer, devraient savoir que j'ai un nom, que j'ai une histoire, que j'ai un avenir (...).

Le Droit de l'enfant au respect, **Janusz Korczak**
© Éditions Robert Laffont, 1979.

Je suis petit mais important. J'ai le droit d'être respecté, et mes parents aussi, dans tous les lieux où je suis accueilli, avec ou sans eux. J'ai le droit de ne pas avoir peur et de ne pas avoir mal quand on me soigne.
Les gens qui travaillent dans ces lieux où je reste un peu, mais où je ne fais que passer, devraient savoir que j'ai un nom, que j'ai une histoire, que j'ai un avenir (...).

Le Droit de l'enfant au respect, **Janusz Korczak**
© Éditions Robert Laffont, 1979.

Je suis petit mais important. J'ai le droit d'être respecté, et mes parents aussi, dans tous les lieux où je suis accueilli, avec ou sans eux. J'ai le droit de ne pas avoir peur et de ne pas avoir mal quand on me soigne.
Les gens qui travaillent dans ces lieux où je reste un peu, mais où je ne fais que passer, devraient savoir que j'ai un nom, que j'ai une histoire, que j'ai un avenir (...).

Le Droit de l'enfant au respect, **Janusz Korczak**
© Éditions Robert Laffont, 1979.

MOI

❶ Dessine ton portrait.

❷ Retrouve, découpe et colle les étiquettes qui correspondent au texte de Korczak sous ton portrait.

Je suis un tout-petit.	Je suis petit mais important.	Un avenir j'ai.
J'ai une histoire.	J'ai le droit d'être respecté.	J'ai un avenir.
Je n'ai pas besoin d'être respecté.	J'ai un nombre.	J'ai un nom.

MOI

1 Trouve d'autres droits que tu as et écris-les ici.

→ ***J'ai le droit d'être respecté.***

→ ***J'ai le droit de ne pas avoir mal quand on me soigne.***

J'ai le droit de ....

J'ai le droit de ....

J'ai le droit de ....

J'ai le droit de ....

J'ai le droit de ....

2 Dessine ton portrait puis écris ta phrase préférée du texte de Janusz Korczak.

....

....

....

....

....

....

MON IDENTITÉ

Complète cette fiche pour dire qui tu es : écris, entoure ou colorie.

Mon nom : ....

Mon prénom : ....

Quand suis-je né(e) ? ....

Où suis-je né(e) (dans quelle ville, quel pays) ?

....

Combien ai-je de frères et sœurs ?

0 1 2 3 4 5

Ma couleur de cheveux : ☐

oui non

Ma taille :

Ce que j'aime : ....

....

Ce que je n'aime pas : ....

....

Mon empreinte : ☐

[FICHE ACTIVITÉ 2]
Je suis une personne

MON IDENTITÉ

Complète cette fiche pour dire qui tu es.

Mon nom : ....

Fille ☐

Mon prénom : ....

Garçon ☐

Quand suis-je né(e) ? ....

Où suis-je né(e) (dans quelle ville, quel pays) ?

....

Combien ai-je de frères et sœurs ? ....

Ma taille : ....

Ce que j'aime : ....

....

Ce que je n'aime pas : ....

....

Ma principale qualité : ....

Mon principal défaut : ....

Le métier que j'aimerais faire plus tard :

....

Mon empreinte : ☐

[FICHE DOCUMENT B]
Je suis une personne

LES ÉMOTIONS

Tous différents, Todd Parr, © Éd. Bayard Jeunesse, 2006.

CE2

[FICHE DOCUMENT B]

Je suis une personne

LES ÉMOTIONS

A

B

C

D

E

J'EXPRIME DES SENTIMENTS

D'après toi, que ressent le lion ?
Choisis des phrases puis découpe et colle les bulles autour du lion.

Au secours !

Je suis trop content.

Chouette !

Je suis triste.

Je me sens mal.

J'ai peur.

J'EXPRIME DES SENTIMENTS

Écris dans les bulles ce que peut ressentir le lion.

....
....
....
....

....
....
....
....
....

....
....
....

J'EXPRIME DES SENTIMENTS

1 Propose un titre pour chaque tableau (écris-les sur la fiche document).

2 Es-tu d'accord avec les idées suivantes ? Explique pourquoi.

	d'accord	pas d'accord
Ceux qui pleurent sont faibles.	☐	☐
Il n'y a pas de honte à montrer ses émotions.	☐	☐
Avoir peur, c'est manquer de courage.	☐	☐
Quand on est en colère, il faut le garder en soi.	☐	☐
On n'a pas à se moquer des émotions des autres.	☐	☐

3 Pas toujours facile d'exprimer ses émotions ! Imagine ce que tu ressentirais si un(e) ami(e) se moquait de toi après que tu as exprimé ce que tu avais sur le cœur.

....

....

4 Souvent, les filles écrivent ce qu'elles ressentent dans un journal intime. Les garçons le font moins. Certains croient alors que les garçons ressentent moins d'émotions que les filles. Qu'en penses-tu ?

....

....

....

....

SÉANCES 4 À 6

Le souci de soi

INFORMATIONS POUR L'ENSEIGNANT

Le souci de l'hygiène, telle qu'on l'entend aujourd'hui, est une question assez récente dans l'histoire de l'humanité. C'est essentiellement au XIXe siècle, au moment où se développent la médecine et les vaccins, que la recherche scientifique permet d'édicter des règles d'hygiène. On connait les anecdotes sur le château de Versailles dans l'Ancien Régime où les parfums utilisés par les nobles permettaient de masquer les odeurs des corps. La sensibilité n'était tout simplement pas la même. Au XIXe, le souci de l'hygiène s'affirme en même temps que l'inquiétude augmente face au microbe. Le courant qui se développe s'appelle **l'hygiénisme** : les travaux de Louis Pasteur font partie de ce courant. Le rôle des bactéries et des microbes dans la propagation des maladies chez l'homme a été démontré et, avec lui, le fait que seule une bonne hygiène (l'eau de javel pour les objets, le savon pour le corps qui doit être régulièrement lavé, etc.) permettait d'endiguer les risques de maladies. Les historiens ont montré que la naissance de la salle de bains et des toilettes, telles que nous les connaissons aujourd'hui, datent des années 1880-1900 dans les classes bourgeoises et se diffusent progressivement. Preuve de cette importance nouvelle : dans les cours d'éducation civique de l'école républicaine naissante sous Jules Ferry, les thèmes de l'hygiène, de la santé, du sport et de la propreté sont très importants. L'expression de l'auteur antique Juvénal, ***Mens sana in corpore sano*** (« un esprit sain dans un corps sain »), a été reprise à la même époque, au tournant du xixe et du XXe siècle, pour exalter le corps athlétique de l'olympisme au moment de la naissance des jeux modernes, et conformément à ce que la médecine nouvelle en disait. Aujourd'hui, le souci de soi, de son corps et de sa propreté, fait partie des premières indications des adultes (parents, médecins, éducateurs) pour la santé.

CE QU'IL FAUT TRAVAILLER AVEC LES ENFANTS

La première des choses à dire aux élèves est que la santé et l'hygiène sont la garantie d'une vie meilleure et épanouie. Se laver évite les maladies, les microbes, et prendre soin de sa santé permet de se sentir à l'aise dans son corps et, de fait, dans sa tête. La santé est un capital dont il faut prendre soin : se laver les dents régulièrement (pour éviter les caries et le passage fréquent chez le dentiste), ne pas se servir avec les mains sales, ne pas toucher les autres avec des mains non lavées (les yeux et la bouche sont particulièrement récepteurs de microbes). Il est important aussi d'insister sur les gestes du quotidien, tels que mettre la main (ou le coude) devant sa bouche quand on tousse ou éternue, se laver les mains après le passage aux toilettes, etc.

Un deuxième axe peut être abordé, que les élèves peuvent progressivement comprendre : l'hygiène est aussi une forme de savoir-vivre. Il n'est peut-être pas trop tôt pour évoquer la (non) politesse liée à l'odeur corporelle, aux chaussures sales qui viennent de la rue non enlevées dans l'appartement, ou encore à l'apparence que l'on donne de soi avec des vêtements et des cheveux qui ne sont pas propres. Cela fait partie de l'image de soi que l'on donne aux autres. Et aussi du respect de soi.

Hygiénisme : *courant scientifique et moral de la fin du XIXe siècle qui révolutionne les sociétés occidentales. Ce courant insiste sur la circulation de l'air et des miasmes. Il concerne tant la médecine que l'urbanisme.*

SÉANCE 4
Comment faut-il se tenir ?

DÉROULEMENT DE LA SÉANCE

Connaissances
- *Avoir connaissance des « bonnes » et des « mauvaises » manières.*
- *Prendre conscience de son comportement pour mieux le maitriser.*

Capacités
- *Lire et comprendre un petit texte.*
- *Proposer des conseils en matière de « bonne tenue ».*
- *Comprendre l'intérêt de « bien se tenir ».*

Lexique
Connaitre le mot manières *et l'expression* bien se tenir.

DURÉE : 50 à 55 minutes.

ÉTAPE 1 LECTURE ET ÉCHANGE AUTOUR DU TEXTE

DURÉE 20 minutes
ORGANISATION Collective
MATÉRIEL • Fiche document A : Les bonnes manières

Le document est distribué aux élèves, qui lisent le texte individuellement au CE1 et au CE2. Au CP, le texte est lu par l'enseignant.
Puis la compréhension est vérifiée collectivement. L'enseignant oriente l'explication à l'aide d'une série de questions :

> Que se passe-t-il dans cet extrait ? Que font les parents du Petit Nicolas ? Pourquoi ?
Cette dernière question est importante car elle permet aux enfants de bien comprendre que les parents ont avant tout la volonté de bien paraitre, faire bonne figure auprès de l'ami Léon. L'enseignant poursuit le questionnement :

> Pourquoi les parents n'ont-ils pas envie que leur fils se tienne mal ce soir-là ? Que signifie *« mal se tenir »* ?
Les raisons sont diverses : par fierté, pour l'apparence sociale, pour faire bon effet, pour ne pas avoir honte… Concernant l'expression *« bien/mal se tenir »*, l'enseignant invite les enfants à donner des exemples dans divers registres : sur la façon de se comporter, de parler, de s'habiller, de s'asseoir… Ainsi, les élèves doivent avoir conscience des bons ou mauvais comportements en société.
Puis l'enseignant invite à réfléchir sur l'importance et l'intérêt de bien se tenir. Certains élèves vont répondre « qu'il est normal que les parents veulent qu'on se tienne bien » ou encore que « les parents nous embêtent toujours avec ça ». Dans tous les cas, il est nécessaire de les amener à comprendre que :
• bien se tenir, c'est donner une bonne image de soi-même aux gens qui nous entourent (faire donner des contre-exemples, comme le fait de mal parler à une maîtresse et ses conséquences) ;

• bien se tenir, c'est savoir qu'à partir du moment où l'on est avec d'autres, il faut respecter des règles et des façons d'être, pour soi et pour les autres (autrement dit, « on n'est pas tout seul ») ;
• bien se tenir, c'est assurer sa propre protection et sa sécurité (faire, là encore, donner des contre-exemples, comme le fait de se comporter n'importe comment dans la rue et ses conséquences).

ÉTAPE 2 APPROFONDISSEMENT DE LA NOTION

DURÉE • 15 minutes (CP)
• 20 minutes (CE1/CE2)
ORGANISATION Individuelle
MATÉRIEL • Fiche activité 1 : Je me tiens bien

CP

L'enseignant explique le travail. Les enfants capables de lire les bulles seuls peuvent travailler individuellement. Les autres sont aidés par l'enseignant qui lit les phrases une à une en laissant à chaque fois le temps aux enfants de la colorier ou pas. Dans les deux cas, le mot *avachi* est expliqué oralement (voire mimé sur une chaise).

CE1

Les consignes sont lues collectivement. Au besoin, quelques règles de bonne tenue, vues précédemment, sont rappelées ici. L'enseignant peut faire remarquer la présence des guillemets qui indiquent une prise de parole avant de lancer le travail de recherche.

CE2

Pour l'exercice 1, préciser seulement que l'on attend une véritable explication et non un simple « ce n'est pas bien ». L'important est d'expliquer en quoi l'attitude n'est pas correcte.

ÉTAPE 3 REPRISE COLLECTIVE

DURÉE 15 minutes
ORGANISATION Collective
MATÉRIEL • Fiche activité 1 complétée

CP

Les bulles sont reprises une à une, discutées puis validées ou non. À chaque fois, l'enseignant demande de justifier la réponse mais également de réfléchir aux répercussions de l'attitude décrite. Par exemple, *« Tu dois dire "vous" à mon ami Léon »* : il demande quand on pratique le vouvoiement, à quoi cela sert et ce que cela dit de nous si on utilise le *vous*. Pour le dernier exercice, les élèves donnent oralement leurs propositions, afin que la classe réagisse. L'orthographe des bulles est corrigée individuellement par l'enseignant.

CE1

Les fiches sont corrigées individuellement par l'enseignant qui vérifie l'orthographe et la syntaxe des phrases. Puis les propositions sont lues et commentées collectivement. Pour chacune, l'enseignant invite la classe à s'interroger sur la cohérence et l'intérêt du conseil donné. Pour le dernier exercice, chaque proposition est reprise une à une. Au-delà de la véracité ou non des affirmations, il s'agit bien ici de faire réfléchir les élèves à la signification de *« bien se tenir »*. Ainsi, on ne se tient pas bien pour faire plaisir à ses parents, ni pour faire semblant ; on le fait pour soi d'abord, pour être une personne qui sait maitriser ses sentiments, ses paroles, ses désirs... Même si ce n'est pas toujours évident, il y a des attitudes que l'on peut comprendre et apprendre : écouter l'autre, ne pas couper la parole, adapter son langage aux situations, se tenir correctement (ne pas se relâcher comme si l'on était seul chez soi), etc. Tout cela participe du respect de soi et des autres.

CE2

Reprendre collectivement les questions une à une.
Pour l'exercice 1, chaque situation est relue et les élèves expliquent en quoi ils jugent que l'attitude n'est pas correcte. Ainsi, on observera que savoir se tenir peut concerner sa manière de parler, sa sécurité, son hygiène, la façon dont on se comporte avec les autres...
Pour l'exercice 2, laisser les enfants faire des propositions en leur demandant à chaque fois pour quelles raisons l'attitude proposée est incorrecte et ce qu'elle peut engendrer.
Enfin, pour le dernier exercice, faire ressortir que le fait de bien se tenir permet d'entretenir de bonnes relations avec les autres, de donner une bonne image de soi, d'assurer sa sécurité, et tout simplement d'être quelqu'un de bien.

SÉANCE 5
Comment prendre soin de son corps ?

DÉROULEMENT DE LA SÉANCE

Connaissances
- *Connaitre le tableau de Degas.*
- *Connaitre les principes qui caractérisent l'hygiène.*

Capacités
- *Comprendre, pour soi, l'intérêt de prendre soin de son corps.*
- *Comprendre les intérêts de la toilette et les conséquences d'un manque d'hygiène.*
- *Pouvoir prendre part à un échange collectif.*
- *Justifier ses idées, son propos.*
- *Savoir écrire une ou deux phrases argumentées.*

Lexique
Connaitre le mot propreté *: se dit de ce qui est propre, net, sans saleté.*

DURÉE : 45 à 50 minutes.

ÉTAPE 1 — OBSERVATION ET RÉFLEXION AUTOUR DU TABLEAU

DURÉE 15 minutes
ORGANISATION Collective
MATÉRIEL • Fiche document B : Femme dans son bain

Les enfants observent quelques minutes le tableau de la fiche document (de préférence vidéoprojeté à partir du), puis l'enseignant le présente. C'est une œuvre d'un peintre célèbre, Edgar Degas (1834-1917), intitulée *Femme dans son bain s'épongeant la jambe* ; elle a été réalisée au pastel en 1883 (musée d'Orsay). Pour aider à l'analyse, l'enseignant pose une série de questions :

> **Que nous montre ce tableau ? Que fait cette femme ?**

On peut faire remarquer que malgré la nature de la scène et la nudité de la femme, le tableau reste « pudique » puisque l'on ne voit pas ce qui relève précisément de l'intime. Puis le débat est orienté sur la question de l'hygiène :

> **Pourquoi est-ce que l'on prend des bains et des douches ? Pourquoi est-ce que l'on fait sa toilette ?**

L'enseignant laisse les élèves proposer toutes sortes d'idées (parmi lesquelles la notion de plaisir – l'agréable – est aussi à prendre en compte). Lors de l'échange, l'enseignant invite à justifier chaque geste : « Pourquoi on utilise du savon, du shampoing... ? Et que se passe-t-il si on ne le fait pas ? » Les enfants sont sensibles aux conséquences du manque d'hygiène : sentir mauvais, paraitre négligé, avoir des dents en mauvais état, accumuler les microbes, être sale... Enfin, l'enseignant demande de quelles autres manières on peut prendre soin de son corps : se laver les mains, en expliquant que cela permet notamment de réduire la propagation des microbes, se brosser les dents, pour les garder propres et en bonne santé, faire du sport, bien manger... L'enseignant peut conclure en expliquant aux enfants qu'autrefois, les gens étaient beaucoup plus facilement malades parce qu'ils se lavaient moins souvent qu'aujourd'hui, qu'ils n'avaient pas autant de produits pour se laver (savons, gels, crèmes en tous genres) et que les maladies ou épidémies se répandaient beaucoup plus vite, parce qu'ils n'avaient pas autant de médicaments pour se soigner.

ÉTAPE 2 RÉSUMER LES INTÉRÊTS DE LA TOILETTE

DURÉE 15 minutes
ORGANISATION Individuelle
MATÉRIEL • Fiche activité 2 : Je prends soin de mon corps

Les consignes de la fiche sont lues collectivement.

CP

L'exercice 1 peut être réalisé à l'oral : l'enseignant lit les propositions et laisse les enfants les cocher ou non au fur et à mesure.
Pour l'exercice 2, l'enseignant précise, avant le travail, qu'il s'agit d'être convaincant, qu'il faut donner des arguments en faveur de la toilette ; ou bien alerter l'autre des conséquences de son attitude. L'enseignant peut demander quelques exemples, à l'oral : « Qu'est-ce que l'on pourrait dire à l'enfant pour lui faire comprendre qu'il a intérêt à se laver ? » Il peut orienter les réponses en rappelant ou en ajoutant des éléments vus précédemment : plus forte propagation des maladies par manque d'hygiène, diffusion des microbes, risques d'infections, image de soi que l'on donne aux autres, risque de se sentir moins bien dans son corps, etc.

CE1

L'enseignant vérifie d'abord la connaissance du mot hygiène et, si besoin, explique les soins et les habitudes utiles pour aider son corps à être propre et en bonne santé. Ainsi, une *mauvaise hygiène* signifie que l'on a de mauvaises habitudes pour son corps (ne pas se laver, mal se nourrir...) à la différence d'une *bonne hygiène* qui permet de prendre soin de son corps et de sa santé. Pour l'exercice 2, il précise qu'il s'agit là des paroles d'un enfant et que la tâche consiste à répondre en réagissant à ce qu'il vient de dire ; il faut donc bien s'interroger sur le sens de ses paroles.

CE2

Annoncer aux élèves qu'ils vont travailler autour d'un extrait d'histoire : *Le prince Olivier ne veut pas se laver*. Pour la dernière question, faire rappeler oralement ce qu'est un slogan et à quoi il sert. Au besoin, faire donner des exemples par la classe. Donner l'exemple notamment des savons à l'intérieur desquels on aperçoit un petit jouet. Plus l'enfant se lave, plus le savon est consommé et plus il peut espérer attraper enfin le jouet.

ÉTAPE 3 MISE EN COMMUN

DURÉE 15-20 minutes
ORGANISATION Collective
MATÉRIEL • Fiche activité 2 complétée

CP

La fiche est reprise collectivement afin de discuter des réponses choisies dans le premier exercice. L'item *faire plaisir à ses parents* peut mériter que l'on s'y attarde : l'enseignant laisse les enfants donner leur point de vue sur la question puis souligne que toutefois c'est **pour soi,** pour son corps et pour son bien que l'on se lave, même si on le fait souvent sous l'injonction des parents.
Pour le second exercice, les phrases écrites dans la bulle sont également discutées, validées ou non, selon les critères suivants : le message est-il clair ? L'argument est-il bien choisi et donc convaincant ?
Puis l'enseignant fait résumer oralement les points essentiels de la séance.

CE1

Le classement dans le tableau est validé collectivement. L'enseignant attire l'attention des élèves sur les expressions *« me sentir bien / me sentir mal »*, en demandant en quoi le fait de se laver et de prendre soin de son corps est un bienfait. L'intérêt est qu'ils puissent mesurer le bien-être de la toilette, afin qu'elle ne soit pas systématiquement vécue comme une injonction parentale ou une simple obligation arbitraire.
La correction de l'exercice 2 ira également dans ce sens. L'enseignant peut commencer par demander à la classe : « Que pensez-vous des paroles de cet enfant ? Qu'est-ce qu'il n'a pas compris ? » Après en avoir discuté, les phrases écrites par les élèves sont lues et discutées collectivement. L'idée est de faire comprendre que cet enfant n'a pas compris que l'on ne se lave pas pour faire plaisir aux autres mais pour soi et que le manque d'hygiène a des conséquences, notamment celles vues dans le tableau de l'exercice 1.

CE2

Lire l'extrait de texte collectivement et reprendre les questions une à une. L'intérêt est de prendre conscience des conséquences d'un manque d'hygiène : *être sale, sentir mauvais, laisser les poux se développer*… Pour la deuxième question, laisser les enfants proposer. On peut notamment porter l'attention sur le fait que l'absence d'hygiène favorise la propagation et le développement de certaines maladies, l'accumulation de « mauvais » microbes, ce qui nous rendra plus facilement malade. Évoquer aussi que l'on se sent alors moins bien dans son corps. Souvent la toilette apparait comme une contrainte, mais elle est source de bien-être, pour soi.
Enfin, laisser les enfants présenter leur savon et faire commenter « son efficacité » par la classe en demandant : « Pensez-vous qu'un tel savon puisse inciter à se laver ? »

SÉANCE 6
Comment protéger sa santé ?

DÉROULEMENT DE LA SÉANCE

Connaissances
- *Connaitre les gestes et habitudes à développer pour protéger sa santé.*
- *Connaitre les principaux médecins et leur spécialité.*

Capacités
- *Lire une affiche et en tirer les idées essentielles.*
- *Distinguer les habitudes positives et négatives pour la santé.*
- *Argumenter ses choix.*

Lexique
Connaitre le mot santé *: en premier lieu, le fait de ne pas être malade. Mais, selon la définition de l'Organisation mondiale de la santé (OMS), c'est aussi « un état de complet bien-être physique, mental et social, et [qui] ne consiste pas seulement en une absence de maladie ou d'infirmité ».*

DURÉE : 55 minutes.

ÉTAPE 1 OBSERVATION ET RÉFLEXION AUTOUR DU DOCUMENT

DURÉE 15 minutes
ORGANISATION Collective
MATÉRIEL • Fiche document C : La visite médicale

L'enseignant commence par faire rappeler les idées principales de la séance précédente puis il propose la fiche document (projetée, de préférence). Après observation silencieuse de l'image, l'enseignant pose une série de questions :

> **Quelle est cette scène ? Pourquoi y a-t-il des visites médicales à l'école ? À quoi cela sert-il ?**
Cela sert à vérifier la santé des enfants : vue, ouïe, développement de la taille et du poids... L'enfant doit pouvoir comprendre que l'on s'assure qu'il est en bonne santé. Il peut être utile de préciser ici que l'image est ancienne : il y avait plus d'infirmières avant, leurs habits qui étaient obligatoires ne le sont plus aujourd'hui. Puis l'image est analysée de façon plus détaillée.

> **Que fait la dame dans le fond ?** *Elle mesure avec sa toise afin de voir si l'on grandit bien.*

> **Que fait le monsieur au premier plan ?** *Il vérifie le bon fonctionnement du cœur et de la respiration (stéthoscope).*

> **Que fait l'autre monsieur ?** *Il vérifie l'état de la gorge. Etc.*
La visite médicale permet donc de vérifier l'état de santé des enfants.
L'enseignant interroge alors les enfants sur la notion de « bonne santé » :

> **Que faut-il faire pour être en bonne santé ? Vous avez des idées ?**
Il laisse les élèves faire des propositions, en les validant ou non. Il est possible de les mettre sur la voie en évoquant : l'alimentation, les habitudes de vie, l'hygiène. L'enseignant demande aux

élèves des exemples de bonne alimentation, puis complète les propositions avec des images parlantes de mauvaises habitudes alimentaires : « Au goûter, si l'on mange chaque jour des chips ou des gâteaux et que l'on boit des boissons gazeuses, quel est le problème ? » L'équilibre de l'alimentation est important, mais aussi les moments de repas (ne pas grignoter toute la journée). Faire de même avec les habitudes de vie : évoquer les activités sportives, le fait de pratiquer quotidiennement un exercice physique, ne pas se coucher trop tard... Puis, à propos de l'hygiène, rappeler les conclusions de la séance précédente, et notamment le fait qu'un manque d'hygiène entraine plus facilement la propagation des maladies.
Enfin, l'enseignant peut terminer par la question de la santé « mentale » en précisant que l'on peut être très bien nourri, très « propre sur soi », avoir des activités physiques et pour autant « ne pas être bien dans sa tête ». Des exemples seront donnés : enfants inquiets, angoissés, qui ont du mal ou n'osent pas s'exprimer, ou au contraire des enfants très agités, qui n'arrivent pas à se poser, être calmes... L'enseignant conclut que, pour ce genre de maux, moins apparents, il est tout à fait possible d'en parler à des adultes (parents, enseignants...) et que cela concerne le travail de spécialistes nommés psychologues ou psychiatres.

ÉTAPE 2 APPROFONDISSEMENT

DURÉE 20 minutes
ORGANISATION Individuelle
MATÉRIEL • Fiche activité 3 : Je protège ma santé
• Fiche document D : 5 fruits et légumes par jour

CP

L'enseignant peut privilégier de faire les exercices pas à pas avec la classe. Il lit la consigne et les différentes propositions, en laissant à chaque fois le temps à l'enfant d'entourer ou non. Il procède de la même manière pour l'exercice 2, en lisant d'abord les items de la colonne de gauche aux enfants puis en lisant les différentes propositions de la colonne de droite. Enfin, pour l'exercice 3, il lit le slogan et explique aux enfants la consigne. Il pourra aider à la production d'écrits en copiant au tableau les mots demandés par les élèves.

CE1

Les consignes sont lues et expliquées collectivement.
Pour l'exercice 2, l'enseignant rappelle que certains médecins sont spécialisés et qu'ils portent un nom particulier. Si les élèves ne le connaissent pas, ils peuvent vérifier dans un dictionnaire.
L'enseignant fait également un point sur la consigne du dernier exercice, en projetant le document D. Il explique le mot slogan au besoin. Les élèves ont à écrire d'autres phrases sur le même modèle, c'est-à-dire en conservant la forme impérative vue dans le slogan de départ : « **Mange** au moins 5 fruits et légumes par jour. » Il peut également préciser qu'il s'agit de trouver d'autres idées et de ne pas se cantonner au seul domaine de l'alimentation (sport, sommeil, soins...).

CE2

Expliquer aux enfants que l'OMS travaille pour protéger la santé dans le monde en analysant les comportements des gens : ce qu'ils mangent, comment ils vivent, ce qu'ils achètent, comment ils dorment...
Le texte est lu collectivement afin d'en expliquer les mots comme obésité, sédentaire, alimentation, surpoids... l'essentiel n'étant pas de comprendre chaque mot mais de comprendre les grandes idées du texte : le fait que l'obésité augmente et que cela est dû à une mauvaise alimentation et à une diminution de l'activité physique.

VARIANTE

Une fiche supplémentaire est proposée dans le , plutôt destinée au CE1 (fiche 3 bis : « Je protège ma santé ») ; pour les élèves qui auraient besoin d'aide lors de l'exercice 3, une banque de mots y est fournie.

ÉTAPE 3 REPRISE COLLECTIVE ET ÉLABORATION D'UNE TRACE ÉCRITE

DURÉE 20 minutes
ORGANISATION Collective
MATÉRIEL • Fiche activité 3 complétée

CP

Pour le premier exercice, l'enseignant peut relire les différentes propositions puis demander à la classe si elle les a entourées ou non. Les enfants devront justifier leurs réponses à chaque fois. Par exemple : « Pourquoi n'avez-vous pas entouré *Manger des hamburgers tous les jours ?* Pourquoi est-ce bien de se coucher tôt chaque soir ? » Ainsi, cela permet aux élèves de rappeler ce qui est bon pour la santé : une bonne hygiène de vie. Pour le deuxième exercice, l'enseignant relit les phrases de la colonne de gauche puis demande la réponse à droite. Au besoin, il explique la fonction précise de chaque médecin. Enfin, pour le dernier exercice, l'enseignant demande aux enfants de lire leurs propositions et fait valider par la classe. L'orthographe est corrigée individuellement.

CE1

Les deux premières activités sont reprises à l'oral. Pour l'exercice 1, chaque proposition est lue, discutée, sélectionnée ou non et le choix est justifié. On ne se contente donc pas de corriger en disant « oui » ou « non » : l'intérêt est de voir comment telle ou telle attitude contribue à développer une bonne santé et pourquoi d'autres attitudes n'y contribuent pas.
Exemple : *rester devant la télé toute la journée.*

> **Pourquoi est-ce que l'on n'entoure pas cette proposition ? Quel est le problème si on ne fait que regarder la télévision ?**

Les enfants sont amenés à évoquer : *le manque d'activité physique, le corps qui ne bouge pas, l'abrutissement, le fait de ne pas s'aérer, la vue qui se fatigue, le manque de sociabilité, etc*.
Pour le dernier exercice, l'enseignant demande aux enfants de proposer oralement leurs phrases, lesquelles sont validées ou non par l'ensemble de la classe selon les critères de pertinence et de justesse. L'enseignant corrige individuellement les erreurs d'orthographe, de grammaire ou de syntaxe susceptibles d'être reprises dans les écrits, soit dans la foulée, soit dans un second temps.
Enfin, l'enseignant élabore collectivement la trace écrite en faisant résumer les points essentiels qu'il note au tableau. Par exemple :

Pour être en bonne santé, il faut manger correctement, dormir suffisamment, se dépenser, se laver tous les jours et prendre soin de soi. Prendre soin de soi, c'est aussi apprendre à bien se tenir.

CE2

Les questions sont reprises une à une. La question traitée est l'augmentation de l'obésité. Une bonne alimentation consiste à ne pas manger trop de sel, trop de sucre ni trop de graisses. Au contraire, il faut plus de vitamines et de minéraux.
Pour la publicité : faire prendre conscience aux enfants que la publicité donne à voir beaucoup de produits très attirants (sucreries en tous genres, aliments pleins de graisses…) mais très mauvais pour la santé. Car le but de la publicité est de faire acheter, elle ne se soucie pas de la santé des enfants. Permettre ici aux enfants de commencer à avoir un regard critique sur tout ce qu'on leur montre et sur la société de consommation.
Enfin, pour la dernière question, on citera : *une activité physique régulière, bien dormir (ne pas se coucher trop tard), se soigner en cas de maladie…*

PHRASE À RETENIR

Pour clore la séquence, l'enseignant peut proposer cette maxime qui résume l'ensemble de ce qui a été vu : *Un esprit sain dans un corps sain*. (Juvénal)

LES BONNES MANIÈRES

L'ami de papa devait arriver à huit heures, mais nous, nous étions prêts depuis sept heures. Maman m'avait bien lavé, elle m'avait mis le costume bleu et elle m'avait peigné avec des tas de brillantine, parce que sinon, l'épi que j'ai derrière la tête ne peut pas rester tranquille. Papa, il m'avait donné beaucoup de conseils, il m'avait dit que je devais être très sage, que je ne devais pas parler à table sans être interrogé et que je devais bien écouter son ami Léon...

La Rentrée du Petit Nicolas, « Souvenirs doux et frais », René Goscinny et Jean-Jacques Sempé, © IMAV Éditions, Paris 2013.

L'ami de papa devait arriver à huit heures, mais nous, nous étions prêts depuis sept heures. Maman m'avait bien lavé, elle m'avait mis le costume bleu et elle m'avait peigné avec des tas de brillantine, parce que sinon, l'épi que j'ai derrière la tête ne peut pas rester tranquille. Papa, il m'avait donné beaucoup de conseils, il m'avait dit que je devais être très sage, que je ne devais pas parler à table sans être interrogé et que je devais bien écouter son ami Léon...

La Rentrée du Petit Nicolas, « Souvenirs doux et frais », René Goscinny et Jean-Jacques Sempé, © IMAV Éditions, Paris 2013.

JE ME TIENS BIEN

1 Trouve et colorie les conseils que le papa aurait pu donner au Petit Nicolas.

Tu dois dire « vous » à mon ami Léon.

Reste bien avachi sur ta chaise.

Tu ne mets pas tes doigts dans ton nez.

Coupe-lui la parole quand il parle.

Ne mange pas comme un cochon.

2 Toi aussi, imagine et écris un conseil que tu donnerais pour bien se tenir.

....

....

....

....

JE ME TIENS BIEN

1 Comme le papa du Petit Nicolas, écris cinq conseils que tu donnerais pour qu'il se tienne bien.

« ....

.... »

« ....

.... »

« ....

.... »

« ....

.... »

« ....

.... »

2 Coche *vrai* ou *faux*.

	V	F
Bien se tenir, c'est faire semblant d'être gentil.	☐	☐
Bien se tenir, c'est savoir faire attention à soi et aux autres.	☐	☐
On se tient bien pour faire plaisir aux parents.	☐	☐
Si je me tiens mal, je suis méchant.	☐	☐
Quand tout le monde se tient bien, c'est agréable.	☐	☐

JE ME TIENS BIEN

1 Lis ces situations et explique pourquoi l'attitude de l'enfant n'est pas correcte.

Samuel croise le directeur dans la cour. Il lui dit : « Salut, ça va ? »

Ce n'est pas correct parce que ....

....

Nolann joue avec son compas en le mettant dans son nez.

....

....

Linda part chaque matin à l'école sans se brosser les dents.

....

....

Comme il n'a jamais de gouter, Matys pique les gâteaux des CP chaque jour.

....

....

2 À ton tour, décris une situation que tu juges incorrecte et explique pourquoi.

....

....

....

3 Se tenir bien, à quoi ça sert ? Explique.

....

....

....

....

....

....

[FICHE DOCUMENT B]

Le souci de soi

FEMME DANS SON BAIN

Femme dans son bain s'épongeant la jambe, Edgar Degas, 1883.

Femme dans son bain s'épongeant la jambe, Edgar Degas, 1883.

JE PRENDS SOIN DE MON CORPS

1 Entoure ce qui te semble juste.

✦ **Si on ne se lave pas, on peut…**

- sentir très bon.
- avoir les dents abimées.
- avoir plus de microbes.
- se sentir mal.

✦ **On se lave pour…**

- faire plaisir aux parents.
- se faire du bien.
- être propre.
- jouer avec l'eau.
- prendre soin de soi.

2 Imagine ce que tu dirais à un enfant qui ne veut pas se laver.
Tu peux t'aider de ces expressions :

attraper plus de maladies

sentir mauvais

te sentir moins bien dans ton corps

Si tu ne te laves pas, tu vas…

. . . .

. . . .

. . . .

. . . .

. . . .

JE PRENDS SOIN DE MON CORPS

1 Classe ces expressions dans le tableau.

sentir très bon – avoir les dents abimées – me sentir bien – me sentir mal – avoir plus de microbes – être propre – être sale – être bien dans mon corps – sentir mauvais – être en bonne santé

SI J'AI UNE BONNE HYGIÈNE, JE PEUX...	SI J'AI UNE MAUVAISE HYGIÈNE, JE PEUX...
....	....
....	....
....	....
....	....
....	....

2 Lis ces paroles d'un enfant. Imagine ce que tu pourrais lui répondre.

« Moi, j'ai la flemme de me laver.
Alors je me brosse les dents en 2 secondes et la douche,
bof, une fois par semaine, ça va bien !
Mes parents ne sont pas contents, mais ça m'est égal. »

« ....

....

.... »

JE PRENDS SOIN DE MON CORPS

❶ Lis cet extrait d'histoire. Ce sont les paroles adressées à un jeune prince qui ne veut pas se laver.

– Prince Olivier, mon fils, il faut vous laver ! Vos joues sont toutes noires et toutes collantes !

– Prince Olivier, mon frère, vous avez des poux et vos oreilles sont crasseuses !

– Prince Olivier, mon frère, vous sentez très mauvais !

Le prince Olivier ne veut pas se laver
O. Hellmann-Hurpoil, édition Bayard Jeunesse

❷ Réponds aux questions.

a) Le prince Olivier ne se lave pas. Que lui arrive-t-il ? ....

....

b) Quels autres soucis peut-on avoir si on ne se lave pas ? ....

....

c) Voici ce que répond le prince quand sa sœur lui demande de se laver :

– Princesse Marinette, ma sœur, j'entends très bien avec mes oreilles
Alors, pourquoi les user en les lavant ?

Qu'en penses-tu ? ....

....

❸ Imagine puis dessine un savon spécial qui aurait donné envie au prince Olivier de se laver. Donne-lui un nom puis écris un petit slogan pour donner envie aux enfants de faire leur toilette !

[FICHE DOCUMENT C]

Le souci de soi

LA VISITE MÉDICALE

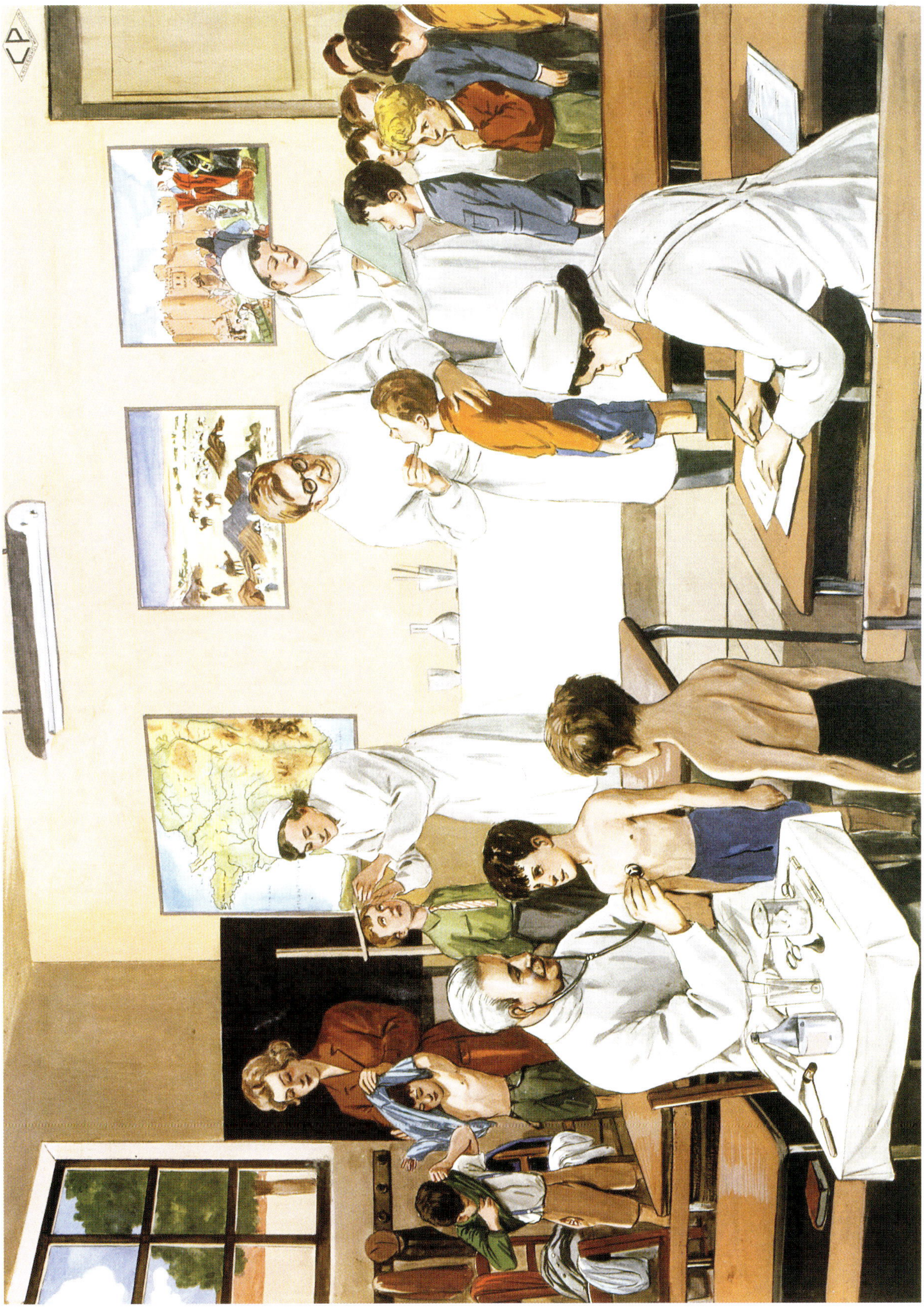

La médecine à l'école (vers 1950).

CP

JE PROTÈGE MA SANTÉ

1 Entoure tout ce qui aide à rester en bonne santé.

Manger des hamburgers tous les jours.

Manger équilibré.

Avoir de bonnes nuits de sommeil.

Me coucher très tard chaque soir.

Rester devant un écran toute la journée.

Faire du sport.

Consulter un médecin quand je suis malade.

Attendre que la maladie s'arrête toute seule.

Savoir dire quand j'ai mal.

Choisir moi-même mes médicaments.

2 Quel médecin vais-je voir ? Relie.

Je vois mal le tableau en classe. •	• un pédiatre (ou généraliste)
J'ai mal aux dents. •	• un psychologue
Je n'entends pas bien. •	• un ophtalmologiste
J'ai de la fièvre. •	• un ORL
Je ne me sens pas bien dans ma tête. •	• un dentiste

3 Complète en t'aidant de l'exemple.

Les fruits et légumes, c'est bon pour la santé.

...., c'est bon pour la santé.

...., c'est bon pour la santé.

...., c'est bon pour la santé.

[FICHE ACTIVITÉ 3]
Le souci de soi

JE PROTÈGE MA SANTÉ

1 Entoure tout ce qui aide à rester en bonne santé.

Manger des hamburgers tous les jours.

Manger équilibré.

Avoir de bonnes nuits de sommeil.

Me coucher très tard chaque soir.

Rester devant la télé toute la journée.

Faire du sport.

Consulter un médecin quand je suis malade.

Attendre que la maladie s'arrête toute seule.

2 Quel médecin vais-je voir ? Relie.

Je vois mal le tableau en classe. •	• un pédiatre (ou généraliste)
J'ai mal aux dents. •	• un psychologue
J'ai de la fièvre. •	• un ophtalmologiste
Je ne me sens pas bien dans ma tête. •	• un dentiste

3 Voici un slogan que tu dois connaitre : « Pour être en forme, mange au moins 5 fruits et légumes par jour... » À toi d'inventer d'autres slogans.

Pour être en forme, ...

....

....

Pour être en forme, ...

....

....

Pour être en forme, ...

....

JE PROTÈGE MA SANTÉ

1 Lis ce document de l'Organisation mondiale de la santé.

L'augmentation mondiale des cas de surpoids et d'obésité chez les enfants est imputable à un certain nombre de facteurs :
– [...] une consommation accrue d'aliments très énergétiques à haute teneur en graisses et en sucres mais contenant trop peu de vitamines, de minéraux et d'autres micronutriments bons pour la santé ;
– une tendance à la diminution de l'activité physique en raison de la nature sédentaire de nombreuses formes de loisirs [...].
Une mauvaise alimentation est un facteur de risque essentiel de maladies [...]. Afin de prévenir ces maladies, les enfants devraient avoir un poids normal et une alimentation à faible teneur en graisses, en sucre ou en sel. Une mauvaise alimentation se traduit par un surpoids ou une obésité dont on observe une rapide augmentation chez les enfants au niveau mondial.
Les données scientifiques montrent que la publicité à la télévision influe sur les préférences alimentaires des enfants, leurs demandes d'achat et leurs modes de consommation.
De plus, toutes sortes de techniques sont utilisées pour commercialiser ces produits auprès des enfants à l'école et dans les crèches, dans les supermarchés, à la télévision, sur internet [...].

2 De quels problèmes parle cet article ?

....

3 Que devraient manger les enfants pour être en bonne santé ?

....

4 Quel est le problème avec la publicité ?

....

....

....

5 Pour être en bonne santé, il faut avoir une bonne alimentation... Que faut-il d'autre ?

....

....

....

....

....

SÉANCES 7 À 9

La sécurité

INFORMATIONS POUR L'ENSEIGNANT

Les Instructions officielles définissent le sujet de la sécurité par le fait d'« apprendre à porter secours » (APS). Cela ne signifie pas que les élèves vont être capables, dès le CP, de porter secours aux autres ou de se protéger des dangers. On sait leur vulnérabilité. Ces Instructions ont pour ambition de faire repérer aux élèves des gestes simples et de développer une vigilance minimale, en fournissant ainsi une sorte d'**initiation aux dangers** qui nous environnent. Le fait de prévenir, de protéger, d'alerter et d'intervenir auprès de la victime relève d'une première forme de conscience. Il s'agit aussi être capable d'identifier les risques de l'environnement familier, pour également se projeter dans un environnement plus large, celui de l'école, de la rue, de la vie domestique.

De ce fait, la mention « connaitre les dangers de certains jeux à l'école » s'inscrit dans ce développement d'une conscience de sa propre **responsabilité**, en tant qu'enfant, dans des dangers classiques des cours de récréation ou en sport : ne pas pousser, ne pas courir sans regarder, etc. La prudence doit pouvoir s'apprendre à la fois comme une protection de soi-même mais aussi comme un rapport aux autres, un apprentissage du respect de l'autre. Connaitre les conséquences de ses actes, c'est être capable de les identifier, d'en avoir conscience, de les nommer, de les dire et de les expliquer à l'oral. Qui dit prudence dit anticipation. Certes, les enfants sont très jeunes au cycle 2 et dépendent encore beaucoup des adultes. C'est pour cela qu'il ne faut pas hésiter à expliquer aux élèves comment trouver de l'aide, afin de ne pas les laisser seuls face aux dangers. Développer les réflexes pour des appels téléphoniques, des sollicitations auprès de voisins, d'adultes... sont des dispositions qui peuvent sauver.

Longtemps, l'école de la République a récompensé les élèves qui avaient su déjouer les dangers, sauver un camarade, prévenir un adulte à temps. Dans les livres d'instruction civique, ces enfants étaient cités en exemple.

Pourquoi ne pas donner des exemples et raconter une histoire exemplaire, encore aujourd'hui, à travers l'actualité de l'école, celle de la commune ou encore de faits divers entendus et vus à la télévision ou à la radio ? Le fait de nommer et de décrire quelques métiers au service des autres (pompiers, médecins, infirmiers, secouristes...), dans leurs dimensions les plus quotidiennes et les plus concrètes, relève d'un authentique apprentissage de la découverte et de l'éveil au monde.

Mais une des nécessités contemporaines par rapport à il y a une quinzaine d'années (identifiée dans les programmes), c'est bien de prévenir les élèves aussi des dangers d'**Internet** et des **réseaux sociaux.** Une nouvelle forme de risque s'est développée, d'autant plus pernicieuse qu'elle échappe souvent à l'attention des parents. Seuls devant leur écran, les élèves peuvent se trouver confrontés à des images insoutenables et traumatisantes. En parler, c'est déjà prévenir, même avec des enfants de cet âge.

Prévenir du danger face aux écrans.

CE QU'IL FAUT DIRE AUX ÉLÈVES

Il est important d'expliquer aux élèves comment et pourquoi s'adresser aux adultes lorsqu'ils ressentent un danger ou assistent à une situation angoissante, même sur leur écran. Développer cette conscience de l'appel à l'aide, en évitant l'inhibition, est un acte qui peut sauver. Il faut pouvoir faire nommer et lister les dangers dans la cour, dans les escaliers, repérer les conséquences des dangers énumérés et des actes. Il faut aussi pouvoir réfléchir avec les enfants aux différents numéros de téléphone d'urgence ou de proximité qui peuvent sauver et développer leur assurance à l'oral afin d'expliquer rapidement et efficacement une situation anxiogène.

SÉANCE 7
Comment veiller à sa sécurité ?

DÉROULEMENT DE LA SÉANCE

Connaissances
- *Connaitre les risques et dangers qui nous entourent.*

Capacités
- *Lire et comprendre des affiches.*
- *Distinguer les dangers domestiques et les dangers extérieurs.*
- *Prendre conscience du danger évoqué.*
- *Justifier, argumenter ses choix.*

Lexique
Connaitre les mots affiche, slogan, message.

DURÉE : 55 minutes.

ÉTAPE 1 OBSERVATION ET RÉFLEXION AUTOUR DU DOCUMENT

DURÉE 10 minutes
ORGANISATION Collective
MATÉRIEL • Fiche document A : Attention, danger !

CP ET CE1

Les enfants observent le document (photocopié et si possible projeté) pendant quelques minutes et en lisent le message. Puis l'enseignant demande :

> **Ce document est une affiche : à qui s'adresse-t-elle ? Quel message veut-on faire passer ? Savez-vous où l'on trouve cette affiche ?**

Il laisse les enfants s'exprimer et les aide à l'analyse si nécessaire : utilisation du pronom *tu*, image enfantine et explicite (préciser que dans le métro l'affiche est à hauteur d'enfant), etc. L'enseignant nomme et fait repérer les éléments constitutifs d'une affiche : le slogan et l'image. Puis il poursuit le questionnement :

> Quels autres dangers connaissez-vous ?
Ici, il peut être question de dangers domestiques : fenêtre ouverte, balcon, risque de chute... ; dans la cuisine, casserole d'eau bouillante, produits ménagers... ; Internet et réseaux sociaux, etc.
Mais on peut également évoquer tout ce qui concerne l'extérieur : vigilance par rapport à la circulation (notamment quand on traverse une rue), vigilance lorsque l'on est seul dehors (même dans un jardin)... Les enfants sont donc libres d'évoquer tous les « dangers » qui les concernent et dont ils ont déjà souvent entendu parler.

CE2

Laisser les enfants lire les affiches puis demander à quoi elles servent (*être averti, se mettre en garde, assurer sa sécurité...*). Lire chaque slogan et énoncer clairement le danger évoqué (*tomber par la fenêtre, se faire renverser, risque d'incendie, se noyer*). Demander aux enfants quels sont les gestes et attitudes à avoir pour se mettre à l'abri de ce genre de dangers.

ÉTAPE 2

LECTURE D'AFFICHES (CP ET CE1)

CRÉATION D'UNE AFFICHE (CE2)

DURÉE 20 minutes
ORGANISATION Individuelle
MATÉRIEL
- Fiche activité 1 : Comment veiller à sa sécurité ?
- Éventuellement, les documents des fiches

CP ET CE1

À partir de la fiche d'exercices, les enfants sont amenés à lire d'autres affiches, ce qui signifie, et il faut le préciser avant de démarrer l'exercice, savoir prélever des informations écrites ou visuelles et les interpréter. Pour cela, l'enseignant rappelle qu'une affiche sert à communiquer un message (ou une information) et que pour le comprendre, il faut à la fois observer l'image, lire le texte et inférer.
Au CP, les mots à utiliser sont donnés ; le travail peut donc s'effectuer d'emblée individuellement, une fois que les consignes ont bien été comprises.
En CE1, un exemple collectif peut être effectué à partir du premier document :

> Que nous montre cette affiche ? À propos de quel danger veut-elle nous informer ? Que pourrait-on écrire alors comme risque ? » *(Risque de tomber par la fenêtre.)*
Les autres affiches sont traitées individuellement. L'affiche 4 peut poser problème, car l'expression *partir en fumée* peut ne pas être entendue comme il le faudrait. Pour autant, l'enseignant laisse les enfants essayer par eux-mêmes de trouver des indices de lecture et expliquera, lors de la correction, le sens du message.
Dans tous les cas, il faut que les enfants comprennent que sous l'affiche doit être écrit « risque de... ».

CE2

Expliquer la consigne collectivement. Oralement faire énumérer les « risques », les méfaits de la télévision : *voir des images choquantes (par leur violence ou leur vulgarité), être dans un état végétatif et d'abrutissement à cause d'un temps trop long passé devant l'écran, ne plus distinguer la réalité de la fiction, se couper du monde, être replié sur soi-même...* Vérifier ici que les enfants, lorsqu'ils regardent un programme, prêtent attention aux petits logos noirs indiquant l'âge requis. Enfin, préciser qu'en soi, la télévision ne comporte pas de risque, mais que l'usage que l'on en fait peut être mauvais.

ÉTAPE 3 MISE EN COMMUN ET SYNTHÈSE

DURÉE 20 minutes.
ORGANISATION Collective.
MATÉRIEL • Fiche activité 1 complétée (CP-CE1) et affiches réalisées (CE2)
• Éventuellement, les documents des fiches
• Éventuellement, fiche document A bis

CP ET CE1

Les affiches sont reprises une par une. Les images sont décrites, le texte (et autres informations) est lu collectivement :

> **Que voit-on sur l'affiche ? Que nous dit-elle ? Quel message veut-elle nous communiquer ?**

On peut rappeler ici le terme *slogan*. Enfin, le risque évoqué sur l'affiche est donné.
Pour l'affiche 3, l'enseignant donne des exemples de produits toxiques (javel, déboucheur...). Il peut d'ailleurs préciser que sur les produits dangereux figurent des étiquettes (tête de mort, croix noire...) permettant d'alerter du danger.
L'affiche 4 est expliquée, l'expression *partir en fumée* représentant le cœur du message : il s'agit d'en comprendre le double sens. D'une part, se consumer par le feu et, d'autre part, *partir en fumée* signifiant perdre la vie, disparaitre.
L'affiche 6 est celle qui est susceptible de poser le plus de difficultés, car les enfants n'ont pas conscience que la télé peut représenter un risque en soi. Il est important de bien prendre le temps de faire réfléchir les enfants sur le contenu écrit de chaque écran. L'enseignant invite d'abord à réfléchir sur la raison pour laquelle il est écrit *pas d'écran avant 3 ans*. Il s'agit d'abord d'une question de santé : il y a un risque pour le développement du cerveau et de la vue. La deuxième phrase est ensuite expliquée : *Avant 8 ans, seulement des programmes pour enfants*. Après avoir laissé les élèves s'exprimer, l'enseignant précise que si l'on regarde tout ce qu'il y a à la télé sans choisir un programme adapté, on risque de se retrouver devant des images qui peuvent nous choquer, nous faire peur, nous mettre mal à l'aise, nous marquer ou nous empêcher de dormir. Des exemples sont donnés par les élèves, voire l'enseignant : films qui font peur, émissions triviales, séries contenant de la violence, etc. L'essentiel ici est d'amener les enfants à prendre conscience que, face aux écrans, il faut être réactif et critique, pour éviter tout risque d'être choqué ou d'avoir peur. L'enseignant ajoute que si l'on se retrouve devant des images qui nous ont heurtés, il est bon de ne pas le garder pour soi et d'en parler à un adulte, qui est d'ailleurs là pour contrôler les programmes. La troisième phrase, *Limiter le temps devant l'écran*, permet de rappeler ce qui a été vu dans la séquence précédente sur la santé : pour être en bonne santé, il faut pratiquer une activité physique et ne pas rester « inactif », sans bouger devant la télé. De plus, cette dernière a tendance à rendre hébété, amorphe. Le quatrième écran porte sur la signalétique à respecter. L'enseignant demande aux enfants s'ils connaissent la signification de ces « ronds noirs » puis explique qu'ils permettent d'indiquer aux spectateurs à qui s'adresse le programme diffusé. Ils marquent aussi une sorte d'interdiction. Par exemple, si « -10 » apparait sur l'écran, cela signifie que le programme est interdit au moins de 10 ans. L'enseignant en rappelle les raisons (déjà énumérées ci-dessus).

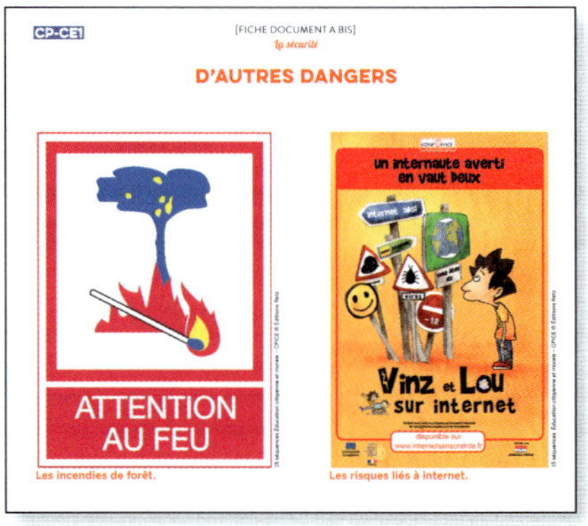

CE2

Les affiches réalisées sont affichées. On peut procéder à un regroupement afin de les observer. Les critères de validation seront : le slogan est-il efficace pour sensibiliser aux risques des usages de la télévision ? Les dessins choisis dans les écrans, ou les phrases écrites délivrent-ils un message pertinent ? Quelles affiches alertent le mieux ?

PROLONGEMENT

Projeter (et/ou imprimer) la fiche document A bis (voir page précédente), où figurent une affiche sur les risques d'incendies en forêt et une autre, plus complexe, sur les risques liés à Internet.
La première permet d'évoquer rapidement les feux (d'origine accidentelle) qui sévissent souvent en été dans les forêts du sud : quelques gestes permettent de les éviter. Les premiers services à appeler sont les pompiers.
La seconde affiche est assez difficile pour des enfants de cet âge, tant au niveau de la forme que du contenu. Même si le mot *Internet* devrait suffire à les faire réagir, elle nécessite d'être bien lue et observée : le slogan étant un peu complexe, ce sont les panneaux du dessin qui vont pouvoir aider à la réflexion. Ils donnent l'idée en effet que l'on trouve de tout et que, devant cette masse de possibilités, on ne sait pas toujours vers quoi s'orienter (comme le personnage semble le montrer). Il y a des choses interdites (*cf.* le panneau sens interdit), des choses rigolotes (*cf.* panneaux jaunes), des virus… Et c'est justement là le point essentiel : faire comprendre aux enfants que l'on peut trouver tout et n'importe quoi sur Internet et qu'un tri est nécessaire (d'où le mot *averti*), un peu comme pour la télévision : des jeux ou des images qui sont violents ; qui font peur, qui sont vulgaires, qui peuvent choquer ou déranger…

SÉANCE 8
Quelle sécurité dans la rue ?

DÉROULEMENT DE LA SÉANCE

Connaissances
- *Connaitre la signification de certains panneaux de signalisation.*
- *Connaitre les bonnes attitudes à adopter en matière de prévention routière.*

Capacités
- *Lire un panneau routier.*
- *Avoir conscience des risques que l'on peut rencontrer dans la rue.*
- *Distinguer obligations et interdictions.*

Lexique
- *Connaitre les expressions* panneau routier *et* panneau de signalisation.
- *Comprendre les mots* prudence *et* vigilance.

DURÉE : 45 à 55 minutes.

ÉTAPE 1 ÉCHANGE AUTOUR DU DOCUMENT

DURÉE 10 minutes
ORGANISATION Collective
MATÉRIEL • Fiche document B : Attention, prudence !

CP ET CE1

Le document B est distribué et/ou projeté. L'enseignant demande ce qu'il représente (un panneau de signalisation sur lequel on voit un adulte tenant par la main un enfant). C'est un panneau bien connu des élèves puisqu'ils sont concernés par le sujet et le voient généralement près des écoles. L'enseignant invite à donner des précisions :

> **Comment connaissez-vous ce panneau ? À quoi sert-il ?**

Les élèves font des propositions puis l'enseignant conclut : « C'est un panneau de signalisation qui sert à alerter toutes les personnes véhiculées (automobilistes, cyclistes, motards...) sur le fait qu'à cet endroit précis, des enfants peuvent traverser. » Puis l'enseignant interroge sur son utilité :

> **Pourquoi est-il nécessaire de mettre ce panneau aux abords des écoles ?**

La discussion doit mettre en avant le fait que cela permet aux voitures de ralentir et de redoubler de prudence afin de ne créer aucun incident ni renverser personne. L'enseignant précise aussi que le panneau est triangulaire, forme indiquant généralement un danger : c'est donc un panneau qui sert à informer, signaler un risque.

Enfin, l'enseignant poursuit le questionnement en s'attardant sur le comportement que ce panneau implique :

> **Les automobilistes doivent être vigilants, certes... Mais est-ce seulement à eux de faire attention ?**

Après avoir répondu, les élèves sont invités à donner des exemples de comportements « vigilants » en tant que piétons (surtout quand l'on est un enfant) : bien traverser, respecter les feux tricolores, ne pas faire « les fous » sur les trottoirs... Dans la rue, conclut l'enseignant, piétons, automobilistes, cyclistes doivent tous faire preuve de vigilance.

CE2

Le document est distribué et/ou vidéoprojeté. Laisser un temps de lecture aux enfants puis demander :

> **À qui s'adresse cette affiche ?**

> **Quel message veut-on vous faire passer ?**

Faire lire oralement les dix conseils donnés. Pour chacun, demander « pourquoi ? » (par exemple : Pourquoi faut-il toujours marcher sur le trottoir ?) afin que les enfants expliquent les risques potentiels.

ÉTAPE 2 LECTURE DE PANNEAUX (CP ET CE1)

RÉFLEXION SUR LA SÉCURITÉ ROUTIÈRE (CE2)

DURÉE • 10-15 minutes (CP)
• 20-25 minutes (CE1/CE2)

ORGANISATION Individuelle

MATÉRIEL • Fiche activité 2 : Pour être en sécurité

CP ET CE1

L'enseignant rappelle que le panneau vu en séance 1 s'adresse aux automobilistes, non aux piétons. Il propose alors à la classe de lire à présent non seulement des panneaux qui s'adresseraient aux piétons afin d'éviter les mêmes risques (se faire renverser) mais également, de façon plus large, des panneaux qui permettraient d'indiquer tout ce qui peut contribuer à assurer la sécurité, que ce soit en tant que piéton ou passager de voiture. Il précise que dans l'exercice à venir les panneaux sont ronds, ce qui exprime soit une interdiction (lorsqu'ils sont rouges) ou une obligation (lorsqu'ils sont bleus). Des exemples de panneaux existants seront donnés : par exemple, le sens interdit, rouge, et l'obligation de tourner (à droite ou à gauche), bleu. Ceux de la fiche sont adaptés aux enfants, afin qu'ils s'approprient mieux les règles de sécurité les concernant.

CP

Si la compréhension des panneaux s'avère trop compliquée, l'enseignant peut procéder à une lecture/description collective avant de lancer la phase de recherche. Pour la situation 2 notamment, on peut faire remarquer le danger provoqué par le fait que l'enfant traverse sans regarder (or une voiture arrive derrière le camion...).

CE1

L'enseignant précise que les obligations ou interdictions à écrire peuvent être rédigées de différentes manières. Après avoir interrogé la classe, il résume ainsi au tableau les énumérations possibles :
• ne pas marcher ;
• on ne doit pas marcher ;
• interdiction de marcher.
Pour aider les CE1 à l'écriture, il peut noter au tableau : *« obligation de..., interdiction de... »*, ainsi que d'autres mots dont ils auraient besoin.

CE2

Au besoin expliquer les termes cyclomotoristes et motocyclistes. Pour la question 3, préciser que l'on attend la forme impérative dans la rédaction de la phrase.

ÉTAPE 3 REPRISE COLLECTIVE

DURÉEO 10 minutes
ORGANISATION Collective
MATÉRIEL • Fiche activité 2 complétée

CP

Chaque panneau est décrit et expliqué un à un, avant de procéder à la validation ou non (par la classe) de la couleur. La spécificité de chaque panneau est analysée :

> **Pourquoi est-ce interdit ? Quel est le risque ?**

> **Pourquoi est-ce obligatoire ? Que se passe-t-il sinon ?**

Les panneaux 2 et 5 relèvent de l'interdiction ; les autres, de l'obligation. L'essentiel est que les enfants mesurent les risques en matière de prévention routière.

CE1

Chaque proposition est validée ou non par la classe sur les critères suivants :

> **L'interdiction (ou l'obligation) correspond-elle au panneau ? Est-elle compréhensible ? Est-elle pertinente ?**

CE2

Les questions sont reprises une à une. Être responsable signifie « ne pas se mettre en danger et ne pas mettre les autres en danger ». Cela vaut pour soi, savoir se protéger, et ne pas faire courir de risques aux autres.
Pour la question 3 : écouter les propositions et faire valider leur pertinence par la classe. « Est-ce un conseil judicieux ? Efficace ? Clair ? »...
La lecture du document 4, même si elle est dure parce qu'elle ramène à une réalité difficile, permet d'être au centre des préoccupations et du sens de l'action de la sécurité routière. C'est aussi

une façon de prendre conscience des risques encourus. Lire le tableau afin de le comprendre et voir notamment que ce sont les accidents de la route qui tuent le plus, en voiture.
Enfin, pour la dernière question, écouter les propositions et créer un petit débat sur les intérêts des démarches/idées proposées, en se posant des questions du type : « Est-ce que si l'on faisait cela, il y aurait moins d'accidents ? Est-ce que si l'on faisait cela, les gens feraient plus attention… ? » L'idée étant de créer une prise de conscience et une vraie réflexion autour de la sécurité routière.

PROLONGEMENTS

• Observer et lire avec les élèves des panneaux routiers (une sélection est proposée sur le site d'Eduscol, rubrique ASSR : http://applications.eduscol.education.fr/).
• Créer des panneaux imaginaires : voir sur le la fiche activité bis + (CP/CE1/CE2) : « Pour être en sécurité… ». Deux formats sont proposés : rond ou triangulaire. Les panneaux sont donnés vierges (*cf.* ci-dessous) et les enfants doivent inventer puis dessiner et mettre en couleur des obligations, des interdictions ou des alertes.

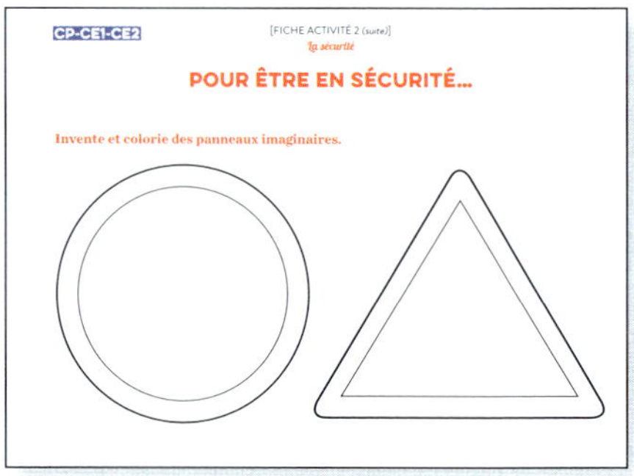

SÉANCE 9
Comment réagir en cas de danger ?

DÉROULEMENT DE LA SÉANCE

Connaissances
• *Connaitre l'existence des numéros d'urgence.*
• *Connaitre son adresse.*
• *Connaitre les différents services de secours et leur fonction.*

Capacités
• *Comprendre et distinguer les usages des différents numéros d'urgence.*
• *Prendre conscience des attitudes à développer en cas de danger.*
• *Savoir intervenir, rassurer sans se mettre en danger.*
• *Argumenter et justifier ses choix.*

Lexique
Comprendre la notion de services d'urgence, *de* secours.

DURÉE : 1 heure.

ÉTAPE 1

OBSERVATION ET RÉFLEXION AUTOUR DU DOCUMENT ET DES SITUATIONS DE DANGER

DURÉE 20 minutes
ORGANISATION Collective
MATÉRIEL • Fiche document C : Les numéros d'urgence et, au besoin, fiche document C bis pour les CP
• Éventuellement, fiche document A bis (sur)
• Fiche activité 1 : Comment veiller à sa sécurité (voir séance 1)

L'enseignant commence par faire rappeler les dangers évoqués lors de la séance précédente avant de distribuer et/ou de projeter le document. Il demande si les enfants connaissent ces numéros de téléphone et dans quelle situation chacun des numéros peut être utilisé. Il fait préciser, ou précise lui-même, quelle est la fonction de chacun afin que les enfants distinguent bien dans quel cas les différents corps de métier sont susceptibles d'intervenir. Pour le 119, moins connu des enfants, l'enseignant explique (en CE1 et en CE2) que ce numéro, gratuit, est un service ouvert nuit et jour, servant dans le cas où un enfant serait maltraité ou violenté. L'enseignant peut donner des exemples (tels que : un enfant qui se ferait frapper à la maison, un enfant qui serait privé de nourriture, un enfant qui sentirait que des adultes, et même ses parents, ont vis-à-vis de lui des gestes déplacés, qui le dérangent…). Dans toutes ces situations, les enfants, pour se protéger, peuvent eux-mêmes composer le 119 s'ils se sentent en danger. C'est un numéro fait pour eux. Pour les CP, la notion de maltraitance n'est pas évoquée dans les programmes. Soit l'enseignant ne s'attarde pas dessus, soit il trouvera sur le CD, une version avec et sans le n° 119 (document C bis).

L'enseignant précise que tous ces numéros sont des numéros d'urgence, utilisables en cas de problèmes et de dangers : ainsi, la police, les pompiers ou le SAMU sont alertés et se mobilisent à partir du moment où l'on a composé ces numéros. Une attitude responsable est de rigueur ; on ne les appelle pas « pour rien » ou pour « faire une blague ». Enfin, l'enseignant indique que ces numéros peuvent être retenus mais qu'ils sont également souvent visibles sur les calendriers, sur certains téléphones ou sur les documents distribués dans les boites aux lettres et généralement affichés sur le frigidaire de la maison.

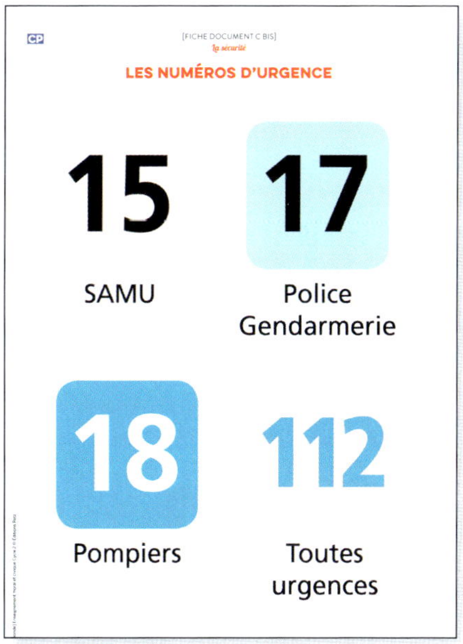
CP
[FICHE DOCUMENT C BIS]
La sécurité
LES NUMÉROS D'URGENCE

15 SAMU
17 Police Gendarmerie
18 Pompiers
112 Toutes urgences

L'enseignant invite ensuite à reprendre les fiches activité complétées lors de la séance précédente : pour chaque image, il demande quel numéro appeler si survient un problème de ce genre. Par exemple, pour l'affiche 3 :

> **Qui appelle-t-on si un enfant a avalé un produit dangereux ?** *(Le SAMU ou les pompiers.)*

Puis il amène à prendre conscience de l'attitude à avoir dans chacune de ces situations. Par exemple :

> **Vous avez appelé le SAMU. Avez-vous bien donné votre nom, le lieu de l'accident et décrit la situation ?** *Le SAMU est en route. Que faites-vous en attendant ? Vous criez dans tous les sens ?*

Ainsi, situation après situation, l'enseignant insiste à chaque fois sur les règles à appliquer : « J'essaye d'avoir la bonne réaction, je peux appeler les secours (mais ce n'est pas toujours possible), et surtout je demande de l'aide à un adulte. Dans tous les cas, je ne laisse pas une personne en difficulté sans aide, je ne me mets pas en danger et, dans la mesure du possible, je tente de garder mon calme, même si ce n'est pas facile. »

La dernière affiche (ainsi que celle sur Internet, dans le) pose évidemment la question de savoir qui appeler en cas de découverte d'images violentes ou gênantes à la télévision. A priori, il n'y a pas de numéro. Il faut donc préciser aux enfants que, parfois, les numéros de pompiers, de police ou de SAMU ne suffisent pas et qu'il faut alors trouver une autre solution. L'enseignant interroge les enfants sur des solutions possibles et les laisse faire des propositions, puis il les met sur la voie, si nécessaire : il faut en parler aux parents, demander de l'aide à un adulte, ne pas garder des problèmes pour soi, même si l'on est très gêné d'aborder certains sujets avec ses parents.

ÉTAPE 2 — RÉFLEXION AUTOUR DE SITUATIONS DE DANGER ET DES ATTITUDES À ADOPTER

DURÉE 15 minutes
ORGANISATION Collective puis individuelle
MATÉRIEL • Fiche activité 3 : Comment réagir en cas de danger ?

Les fiches visent à structurer ce qui a été dit lors du premier temps et à retenir quelques règles à appliquer en cas de danger. Les trois situations abordées sont : l'incendie, l'empoisonnement et l'agression.

CP

Les consignes sont lues collectivement. Puis chaque image séquentielle est décrite oralement afin d'en vérifier la bonne lecture, sans qu'aucune discussion pour le moment n'ait lieu sur les attitudes à adopter :

> **Que se passe-t-il sur cette image ? Que fait l'enfant ? Etc.**

L'enseignant explique ce qu'on entend par « suite » dans la consigne, il donne éventuellement un exemple. Pour la situation 3, l'enseignant peut dire, après avoir laissé les enfants suggérer ce qui peut se passer dans la dernière case, que les grands vont peut-être avoir peur et s'enfuir... Ou bien ils vont rester et le commerçant va les sermonner.
Pour l'exercice 2, l'enseignant précise que certaines informations seront à compléter à la maison, avec les parents, mais qu'il est possible de remplir quelques rubriques en classe.

CE1 ET CE2

Les consignes sont lues également à l'oral. L'enseignant précise bien qu'en fonction de la situation, il faut imaginer quelle serait sa réaction et l'écrire en une phrase.
Les mêmes précisions que pour les CP sont données au sujet de la fiche de secours.

ÉTAPE 3 — REPRISE COLLECTIVE ET ÉLABORATION D'UNE TRACE ÉCRITE

DURÉE 25 minutes
ORGANISATION Collective
MATÉRIEL • Fiche activité 3 complétée

CP

Chaque situation est reprise et la classe valide collectivement la mise en ordre des évènements. C'est l'occasion, pour chaque image, de décrire à nouveau ce qui s'y passe, comment réagissent les enfants, que font les adultes. Une fois l'ordre des images vérifié, l'enseignant demande aux élèves de proposer la suite en expliquant ce qu'ils ont choisi de dessiner dans la dernière case. Le choix de ces attitudes est discuté collectivement. Par exemple, pour la troisième situation (agression), un enfant propose cette suite : « Le monsieur du magasin appelle la police. » L'enseignant peut alors demander si le monsieur pourrait faire autre chose, si quelqu'un a une autre idée... Un élève pourrait ajouter : « Il intervient, s'avance vers les deux jeunes. » Le but est de montrer qu'il n'y a pas une seule et bonne réponse, et de faire réfléchir les enfants aux différents choix, sans être dans des stéréotypes du genre : « On appelle la police ou les pompiers », dans tous les cas de figure.

CE1 ET CE2

Chaque situation de l'exercice 1 est lue et les différentes réactions proposées sont commentées. Par exemple, pour la deuxième situation (celle de la télévision), un enfant propose : « Je change de chaine. » L'enseignant amène la classe à enrichir la réponse : « Quelqu'un propose autre chose ? Est-ce que cela suffit, changer de chaine ? Une fois que les images ont été vues, elles restent dans la tête, alors que faire ? » L'idée est ici de faire comprendre aux élèves qu'ils ont tout intérêt à choisir leur programme, que certains d'entre eux leur sont interdits et que face à des images qui les ont dérangés, on peut en parler à un adulte.

La dernière situation amène à savoir qui prévenir quand les enfants sont seuls. Là aussi, différentes propositions méritent d'être discutées : « Faut-il aller chercher une voisine ? Sonner chez le gardien, appeler un parent sur son téléphone, les secours ? » C'est à travers les réflexions engagées que les enfants apprendront à être de plus en plus avertis face aux dangers.

Au CP comme au CE1 et au CE2, la fiche de secours est emportée à la maison afin d'être remplie à l'aide de la famille. Une fois complétée et vérifiée, l'enseignant en rappelle l'utilité avant de la remettre aux enfants pour la maison.

Enfin, une trace écrite est élaborée collectivement, afin de dégager les idées essentielles de la séance, par exemple :

> ***Dans la rue, à la maison, on peut rencontrer des dangers. C'est pour cela qu'il faut être prudent. Des panneaux existent pour signaler un danger ou indiquer ce qu'il faut faire pour sa sécurité.***
>
> ***En cas de danger, il faut demander de l'aide à un adulte, un parent, un voisin… Il y a des gens qui sont là pour protéger notre sécurité : les policiers, les pompiers, les médecins d'urgence.***

PHRASE IMPORTANTE

Pour clore la séquence, l'enseignant peut proposer cette citation qui résume l'ensemble de ce qui a été vu :

Ce qui est essentiel aux enfants, c'est l'amour et la sécurité. (C. Bergeron, *La Promesse d'Émile*)

ATTENTION, DANGER !

ATTENTION, DANGER !

Pour chaque affiche, écris quel est le risque évoqué.

1

2

3*

4

* Cette affiche a été éditée dans le cadre d'une campagne réalisée en 2010 par le ministère du Logement sur la prévention des incendies domestiques.

COMMENT VEILLER À SA SÉCURITÉ ?

Pour chaque affiche, écris quel est le risque évoqué. Aide-toi de la liste de mots.

- incendie
- tomber par la fenêtre
- se faire renverser
- s'empoisonner
- se noyer
- être choqué, avoir peur

1

....

....

2

....

....

3

....

....

4*

....

....

5

....

....

6

....

....

* *Cette affiche a été éditée dans le cadre d'une campagne réalisée en 2010 par le ministère du Logement sur la prévention des incendies domestiques.*

COMMENT VEILLER À SA SÉCURITÉ ?

Pour chaque affiche, écris quel est le risque évoqué.

1

. . . .

. . . .

2

. . . .

. . . .

3

. . . .

. . . .

4*

. . . .

. . . .

5

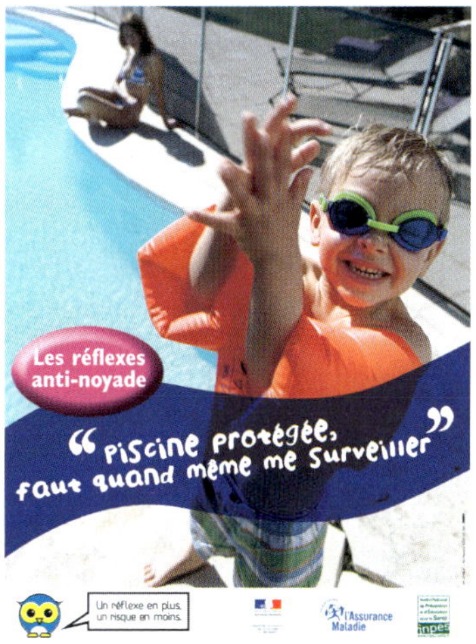

. . . .

. . . .

6

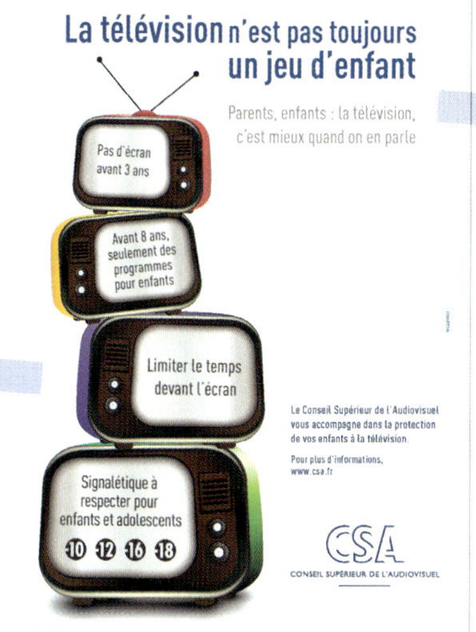

. . . .

. . . .

* *Cette affiche a été éditée dans le cadre d'une campagne réalisée en 2010 par le ministère du Logement sur la prévention des incendies domestiques.*

COMMENT VEILLER À SA SÉCURITÉ ?

Crée une affiche de prévention contre les méfaits de la télévision. Tu inventeras un slogan et imagineras ce qui peut être écrit ou dessiné dans les écrans.

ATTENTION, PRUDENCE !

[FICHE DOCUMENT B]

La sécurité

ATTENTION, PRUDENCE !

Éditions spéciales PlayBac par la Sécurité routière, 2016.

POUR ÊTRE EN SÉCURITÉ...

Colorie en rouge le contour des panneaux qui marquent une interdiction et en bleu le contour de ceux qui marquent une obligation.

1

3

2

4

6

5

POUR ÊTRE EN SÉCURITÉ…

1 Colorie en rouge le contour des panneaux qui marquent une interdiction et en bleu le contour de ceux qui marquent une obligation.
2 Écris sous chaque panneau l'interdiction ou l'obligation représentée.

1

....

....

2

....

....

3

....

....

4

....

....

5

....

....

6

....

....

POUR ÊTRE EN SÉCURITÉ...

1 Être responsable dans la rue, qu'est-ce que cela veut dire ? Explique.

....

....

2 Parmi les 10 conseils donnés, lequel respectes-tu le moins ? Pourquoi ?

....

....

....

3 Écris un onzième conseil que tu donnerais aux gens qui sont pressés, ou en retard, et qui du coup font moins attention dans la rue.

....

4 Lis ce document :

Quelques chiffres clés sur les accidents d'enfants en 2014

Nombre de tués de moins de 15 ans	112
Dont :	
Piétons	20
Cyclistes	16
Cyclomotoristes	8
Motocyclistes	1
Automobilistes	64

Entoure le nombre d'enfants piétons qui ont perdu la vie en 2014.

5 Que proposerais-tu pour améliorer la sécurité sur la route ?

....

....

....

....

LES NUMÉROS D'URGENCE

15
SAMU

17
Police / Gendarmerie

18
Pompiers

112
Toutes urgences

119
Allô Enfance en danger

15
SAMU

17
Police / Gendarmerie

18
Pompiers

112
Toutes urgences

119
Allô Enfance en danger

15
SAMU

17
Police / Gendarmerie

18
Pompiers

112
Toutes urgences

119
Allô Enfance en danger

COMMENT RÉAGIR EN CAS DE DANGER ?

1 Numérote les images dans l'ordre des évènements puis dessine la suite.

a. L'incendie

b. L'empoisonnement

c. « L'agression »

2 Sur cette fiche, note les informations utiles.
(Tu pourras la découper et la coller sur ton frigidaire.)

MA FICHE SECOURS

Numéro de papa : ....

Numéro de maman : ....

Numéro d'un proche : ....

Numéro des pompiers : ....

Numéro de la police : ....

Numéro du SAMU : ....

Numéro du gardien de l'immeuble (s'il y en a un) : ....

Mon adresse : ....

....

COMMENT RÉAGIR EN CAS DE DANGER ?

❶ Écris en une phrase comment tu réagirais dans ces situations.

• Un enfant dans la cour tombe très fort sur la tête et ne se relève pas.

....

....

• Tu es en train de regarder la télé et il y a des images qui te gênent et te mettent mal à l'aise.

....

....

• À la plage, un petit enfant est seul sans bouée au bord de l'eau.

....

....

• Tes parents sont sortis faire une course et ta petite sœur a avalé un produit dangereux qui était rangé sous l'évier de la cuisine.

....

....

❷ Sur cette fiche, note les informations utiles.
(Tu pourras la découper et la coller sur ton frigidaire.)

MA FICHE SECOURS

Numéro de papa : ....

Numéro de maman : ....

Numéro d'un proche : ....

Numéro du gardien de l'immeuble (s'il y en a un) :
....

Numéro des pompiers : ....

Numéro de la police : ....

Numéro du SAMU : ....

Numéro de Allô enfance en danger :
....

Mon adresse : ....

....

SÉANCES 10 À 12

Filles et garçons

INFORMATIONS POUR L'ENSEIGNANT

Pour tous les biologistes, il n'existe qu'une seule véritable distinction au sein de l'espèce humaine, c'est celle qui sépare le masculin du féminin. Les textes officiels, en particulier le plan d'action ministériel sur l'égalité entre filles et garçons qui remplace l'ABCD de l'égalité (dispositif expérimental non généralisé au début de l'été 2014), visent à « aider les enseignants de primaire à prendre conscience de la force des préjugés et stéréotypes sexistes, y compris dans leurs propres attitudes implicites, savoir repérer et analyser des situations scolaires productrices d'inégalités entre les filles et les garçons et en tenir compte dans leurs pratiques pédagogiques ».

Cette prise de conscience institutionnelle n'a cessé de se développer depuis plusieurs années, avec la critique notamment des stéréotypes contenus dans les manuels scolaires. Plus généralement, ce sont les inégalités visibles dans la société et ce qui relève de « la domination masculine » qui ont amené l'Éducation nationale à prendre en charge sérieusement ces questions dans les apprentissages, même si la **place des femmes** dans la société française a considérablement évolué. Entre le moment où, pendant la Révolution française, les femmes sont exclues du droit de participer aux affaires politiques et aujourd'hui, leurs droits se sont beaucoup développés. Depuis l'accès au droit de vote (1944), la création d'un secrétariat d'État à la condition féminine (Françoise Giroud) sous Valéry Giscard d'Estaing (1974), jusqu'à la loi sur la parité de 2000, sans parler même de l'évolution considérable des mentalités (contraception, divorce, importance dans la vie intellectuelle, etc.), la place des femmes a changé. Une véritable révolution, comme le disait l'historien Georges Duby. Pourtant, des écarts subsistent entre hommes et femmes dans les salaires pour un poste identique, ainsi que dans la représentation politique et syndicale. Sans compter la question de la violence faite aux femmes, du sexisme ordinaire et du harcèlement.

C'est pourquoi l'Éducation nationale entend « sensibiliser les élèves à l'égalité entre filles et garçons et expliquer aux enseignants comment les stéréotypes se construisent chez les enfants, afin de permettre l'orientation et la réussite scolaire de tous les élèves dans les différentes filières ». En fait, une réflexion nouvelle s'amorce, dans un contexte de débats de société sur le « genre ». L'école dit que, certes, les filles et les garçons ne sont pas pareils... mais que cela ne justifie aucune discrimination ni aucune inégalité entre les sexes.

COMMENT L'EXPLIQUER AUX ENFANTS ?

Les filles ont intériorisé un certain nombre de représentations dévalorisantes ou des conceptions qui les relèguent dans l'espace domestique. Elles doivent pouvoir réfléchir sur ces questions très tôt, même si elles peuvent aussi affirmer avec conviction, et dès le CP, le fait qu'elles pensent et qu'elles sont fortes aussi ! Pour les garçons, les préjugés peuvent être

Préjugés : *idées toutes faites et préconçues qui orientent le jugement sur un fait ou une personne.*
Genre : *ce qui détermine, en premier lieu, le féminin et le masculin dans la langue (il/elle, son/sa...).*
Depuis une trentaine d'années, il s'agit aussi d'une notion appartenant aux sciences sociales qui repose sur l'analyse des rapports de genre, entre les hommes et les femmes, dans l'histoire et dans la société.
Sexisme : *attitude concernant la différence entre les sexes propre à fonder des discriminations ou des inégalités de traitement.*

nombreux : « les filles sont moins fortes », « elles ne savent même pas jouer à la guerre », etc. Tout le travail repose sur l'analyse des représentations et a pour objectif de faire évoluer éventuellement celles-ci, afin d'éviter que les élèves ne s'approprient des visions stéréotypées (filles « pleurnicheuses », garçons « bagarreurs »), qui peuvent favoriser à l'avenir, quand les élèves grandiront, des visions stéréotypées, voire du sexisme.

SÉANCE 10

Quelles représentations avons-nous des filles et des garçons ?

DÉROULEMENT DE LA SÉANCE

Connaissances

- *Connaitre les tableaux des peintres Auguste Renoir et Henri Martin.*
- *Mieux connaitre les filles et les garçons.*

Capacités

- *Faire évoluer ses propres représentations.*
- *Développer un regard critique sur les stéréotypes concernant les filles et les garçons.*

DURÉE : 55 minutes.

Cette séance s'adresse aux CP et CE1.

ÉTAPE 1 OBSERVATION ET RÉFLEXION AUTOUR DES TABLEAUX

DURÉE 15-20 minutes
ORGANISATION Collective
MATÉRIEL • Fiche document A : Enfant jouant

L'enseignant commence par présenter le premier tableau en précisant qu'il s'agit du peintre Auguste Renoir, l'un des plus célèbres peintres français. Le tableau est d'abord décrit :

> **Que représente ce tableau ? Qui est cet enfant ? Que fait-il ?**

Les enfants vont sans doute penser qu'il s'agit d'une petite fille. Dans un premier temps, l'enseignant ne dément pas cette idée. Il demande à quoi joue l'enfant. Ici, certains enfants peuvent déjà faire émerger spontanément des stéréotypes en exprimant leur étonnement du fait qu'« elle » joue aux petits soldats. Si tel est le cas, l'enseignant s'en saisit pour faire évoluer les représentations :

> **Pourquoi cela vous étonne-t-il ? À quoi verriez-vous jouer une petite fille ? Pour vous, qui joue plutôt aux petits soldats ?**

Le but est non pas d'affirmer le contraire de ce que sont, de fait, les jeux d'enfants, mais de s'interroger sur la systématisation de ces représentations et la non-acceptation de l'idée qu'un enfant puisse jouer à autre chose qu'à la poupée si c'est une fille, et au ballon, par exemple, si c'est un garçon. Autrement dit, lever les stéréotypes signifie pouvoir concevoir qu'un enfant puisse jouer à des jeux auxquels il n'est pas spontanément rattaché. Il ne s'agit en aucun cas de nier les réalités, ni même d'inciter les enfants à jouer autrement. Chacun est libre de jouer à ce qui lui plait.

Après cette première réflexion, l'enseignant précise à la classe que l'enfant sur le tableau est en réalité un des fils du peintre, nommé Claude (surnommé Coco). Il laisse la classe faire spontanément ses commentaires, qui vont sans doute porter sur l'étonnement concernant le nœud dans les cheveux et leur longueur. Puis l'enseignant précise : « C'est vrai que, le plus souvent, les filles ont les cheveux longs et les garçons les cheveux courts… Mais à cette époque, les garçons pouvaient avoir les cheveux longs, comme Claude. » Il ajoute ensuite qu'aujourd'hui, on peut rencontrer des filles aux cheveux courts et des garçons aux cheveux longs. L'essentiel est bien de montrer comment se présentent les filles et les garçons, tout en montrant la possibilité pour chacun de ne pas être enfermé dans cette présentation. C'est la question du droit à la différence qui se joue ici.

L'enseignant passe au deuxième tableau, moins connu, d'un peintre français nommé Henri Martin. De la même manière que pour le premier tableau, il laisse un temps d'observation puis demande :

> **Que représente ce tableau ? Que voit-on ?**

La question va porter rapidement sur l'identité de l'enfant, prétexte pour échanger sur les stéréotypes : est-ce un garçon ou une fille ? Ici, l'enseignant laisse chacun justifier son choix en donnant des éléments de réponse tels que : la longueur de cheveux (courts), le visage (qui, pour certains, fait penser à un garçon et, à d'autres, à une fille), le bonnet, la couleur du vêtement (rose), la poupée… Tous les éléments vont permettre de discuter des différentes représentations sur les genres : le rose est une couleur plus souvent portée par les petites filles mais pour autant cela n'empêche pas un garçon d'avoir un vêtement de couleur rose ; la poupée est couramment associée à une fille, mais on peut très bien voir un garçon qui y joue aussi. L'important est de montrer que, malgré les tendances générales, rien n'empêche la différence.

L'enseignant ajoute enfin qu'on ne peut pas savoir s'il s'agit d'une fille ou d'un garçon, sur le tableau. Certains éléments laissent effectivement penser qu'il s'agit d'une fille (l'enseignant les fait énumérer) et d'autres font penser qu'il s'agit d'un garçon (à énumérer également). D'ailleurs, le peintre ne l'a pas précisé puisqu'il a nommé son tableau *L'Enfant à la poupée*.

ÉTAPE 2 ÉCRITURE DE TITRES DE TABLEAUX

DURÉE 20 minutes
ORGANISATION Individuelle.
MATÉRIEL • Fiche activité 1 : Jeux d'enfants
• Éventuellement, les documents de la fiche

L'enseignant distribue la feuille d'activité. La consigne est lue collectivement. L'enseignant fait remarquer qu'il s'agit de tableaux de peintres célèbres et que, comme précédemment, il va falloir bien les observer afin de leur donner un titre, en s'appuyant sur les éléments importants de l'image : les cheveux, les jeux, les couleurs, ce qu'évoque l'enfant... Il note au tableau les deux mots importants de la séance : *garçon* et *fille.*

CP

Les enfants auront besoin d'autres mots afin de rédiger leurs titres. L'enseignant va les écrire au tableau en fonction des demandes.

CE

L'enseignant peut également écrire au tableau les mots demandés par les élèves.
Une rapide observation collective des documents peut s'effectuer à l'aide du (par vidéoprojection).

ÉTAPE 3 MISE EN COMMUN

DURÉE 15-20 minutes
ORGANISATION Collective
MATÉRIEL • Fiche activité 1 complétée
• Éventuellement, les documents de la fiche

Chaque tableau est commenté l'un après l'autre et les enfants proposent leur titre. L'enseignant fait interagir la classe en demandant aux autres élèves ce qu'ils en pensent et ce qu'ils proposent à leur tour. Comme précédemment, l'enseignant demande aux enfants d'exposer leurs critères de choix concernant les filles et les garçons. Sur certains tableaux, l'identité de l'enfant peut porter à confusion.
Le tableau 1 représente un enfant avec une poupée (*L'Enfant à la poupée* du douanier Rousseau, vers 1904). Si l'enfant porte une robe, en regardant son visage on ne peut assurer que c'est une fille, ce qui sera discuté.
Le tableau 2 représente Claude Renoir, le troisième fils du peintre (*Claude Renoir en clown* d'Auguste Renoir, 1909). Les enfants peuvent le prendre ici encore une fois pour une fille en raison de son déguisement et de sa coiffure, ce qui sera justifié. L'enseignant précise après l'échange que cet enfant est le même que celui du tableau vu sur la fiche document, Claude, et qu'il s'agit donc bien d'un garçon.
Sur le tableau 3 (*Le Ballon* de Félix Vallotton, 1899), le doute existe aussi : est-ce une fille ? un garçon ? Les enfants sont libres de l'interpréter comme ils le veulent, du moment qu'ils sont capables de préciser leurs critères de choix.
Le tableau 4 représente un petit garçon (*Maurice Robert, enfant* de Camille Corot, 1857). Son visage et son habillement peuvent là encore faire penser à une fille, ce qui sera matière à discussion. L'enseignant précise toutefois qu'il s'agit bien d'un garçon.

Enfin, pour clore la séance, l'enseignant annonce le titre exact de chaque tableau et demande aux enfants ce qu'ils en pensent.
Au terme de cette séance, ou pendant le travail d'écriture, l'enseignant corrige individuellement l'orthographe des titres de tableaux.

REMARQUE

Cette séquence, destinée aux classes de CP/CE1, peut être réalisée en CE2 comme un rappel de ce qui a été vu lors des années précédentes.

SÉANCE 11
Quelles sont les relations entre les filles et les garçons ?

DÉROULEMENT DE LA SÉANCE

Connaissances
- *Connaitre les idées de J. Korczak et son engagement pour les enfants.*
- *Connaitre les différences entre les filles et les garçons.*

Capacité
- *Faire évoluer ses représentations.*
- *S'interroger sur les relations entre les filles et les garçons.*
- *Respecter les différences entre filles et garçons.*
- *Développer des aptitudes à la réflexion critique pour fonder ses jugements.*

Lexique
Comprendre le mot supporter.

DURÉE : Environ 1 heure.

ÉTAPE 1 — LECTURE ET RÉFLEXION AUTOUR DE L'EXTRAIT

DURÉE 20 minutes
ORGANISATION • Collective (CP)
• Individuelle puis collective (CE1/CE2)
MATÉRIEL • Fiche document B : Les filles et les garçons

L'enseignant commence par faire rappeler le contenu de la séance précédente et notamment l'idée principale : les filles et les garçons ne sont pas toujours comme on le croit.
Puis il propose de lire l'extrait de texte de Korczak (photocopié et/ou vidéoprojeté). Au CP, le texte est lu par l'enseignant.
Les élèves commencent par une lecture individuelle puis le texte est lu collectivement.
Au fur et à mesure de la lecture collective, l'enseignant fait expliquer le texte et en travaille sa compréhension. Dès les premières phrases avec les guillemets, les enfants doivent comprendre que l'auteur reprend des propos d'enfants (*Je ne supporte pas les filles...*).
Il explique à la classe ce que signifie *ne pas supporter* (avoir du mal à les accepter, ne pas les aimer) puis demande :

> **Pourquoi les garçons et les filles peuvent-ils avoir du mal à se supporter ?**

L'enseignant laisse les enfants s'exprimer puis centre l'échange sur le thème de la différence : peut-être est-ce parce que les garçons et les filles ne sont pas pareils, qu'ils ne jouent pas aux mêmes jeux, autrement dit parce qu'ils sont différents, que cela pose parfois des problèmes d'entente.
Le débat est relancé :

> **Est-ce parce que l'on n'est pas pareil qu'il faut pour autant ne pas s'accepter ?**

L'idée est d'amener les enfants à prendre conscience non seulement des différences entre filles et garçons, mais également de voir comment il est possible de s'entendre et de nouer des relations de respect. La poursuite de la compréhension du texte conforte cette idée : garçons et filles peuvent très bien partager des échanges, des jeux... tandis qu'à d'autres moments, on est mieux entre filles ou entre garçons. C'est cela qu'il faut faire comprendre aux enfants : chaque groupe a besoin de se retrouver dans son identité mais cela n'exclut pas les partages entre eux. Autrement dit, on peut préférer rester entre filles ou entre garçons, c'est légitime, mais on peut aussi développer des relations les uns avec les autres et se trouver des affinités, tout en respectant les identités, les jeux, les comportements de chacun. Les garçons et les filles ne sont pas en opposition, ils sont complémentaires.

ÉTAPE 2 RÉALISATION D'UN COLLAGE (CP/CE1)

ENRICHISSEMENT DU TEXTE DE KORCZAK (CE2)

ORGANISATION Individuelle
DURÉE • 25 minutes (CP/CE1)
• 15-20 minutes (CE2)
MATÉRIEL • Fiche activité 2 : Cour de récréation
• Feuille blanche A4
• Ciseaux
• Colle

CP ET CE1

L'enseignant distribue la fiche activité ainsi qu'une feuille blanche A4 aux enfants. La consigne est lue collectivement, puis expliquée : « Ces formes représentent des filles et des garçons, comme indiqué sur les ronds. Vous allez toutes les découper et les coller sur la feuille blanche pour créer une cour de récréation. Vous pouvez imaginer ce que vous voulez : les jeux, les groupes d'enfants à mettre ensemble et ceux qui sont isolés... Une fois que vous aurez terminé, vous pourrez colorier les formes avec des couleurs. »

Les enfants sont libres d'organiser comme ils le veulent les relations de partage et de jeux entre filles et garçons, pour pouvoir en discuter dans le 3e temps. Par exemple, certaines formes peuvent être collées l'une contre l'autre pour illustrer un rapprochement. L'enseignant peut donner un exemple au tableau en faisant un cercle avec les ronds pour symboliser une ronde :

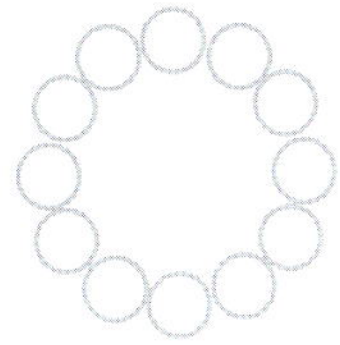

Une fois le travail réalisé, l'enseignant écrit au tableau le tire à copier sur la feuille : « Ma cour d'école ».

CE2

L'enseignant s'assure de la bonne compréhension des consignes. Il précise que pour compléter le texte de Korczak, il faut développer un peu et non se contenter d'écrire un mot ou deux. Pour la dernière phrase de l'exercice, il peut ajouter (oralement ou à l'écrit) *peuvent,* afin d'induire des verbes (d'action) : jouer, rire ensemble, etc.
Pour la seconde activité, il explique également que lorsqu'il y a un dessin de garçon, la question s'adresse aux garçons et aux filles lorsqu'il y a un dessin de fille. Si l'élève n'a pas d'ami du sexe opposé, l'enseignant invite à l'imaginer.

ÉTAPE 3 — MISE EN COMMUN ET ÉLABORATION D'UNE TRACE ÉCRITE

DURÉE 20 minutes
ORGANISATION Collective
MATÉRIEL
- Fiche activité 2 complétée
- Collages réalisés par les enfants.

CP ET CE1

L'enseignant rassemble les enfants, devant les productions affichées, afin de les commenter. Il s'agit d'observer quels jeux les élèves ont attribués aux garçons et aux filles, s'ils les ont mélangés ou pas, quelles couleurs ils ont choisies pour colorier les filles, les garçons… Tous ces critères sont décrits, observés, sans jugement, car tout est possible : l'enseignant fait surtout remarquer quelles sortes de relations filles/garçons les enfants ont choisi de montrer. Par exemple, l'enseignant peut commenter un collage en disant : « Ici, les filles et les garçons ont des jeux totalement différents et séparés… Ici, il y a un endroit dans la cour où un garçon et une fille sont ensemble… »

CE2

L'enseignant fait lire collectivement les phrases de Korczak complétées par les enfants. Les propositions sont discutées et commentées. L'enseignant sera attentif à la façon dont les élèves ont décrit les relations entre garçons et filles, à quoi ils peuvent jouer ensemble, ce qu'ils peuvent partager. Il fait réagir la classe et élimine au besoin tous les stéréotypes qui pourraient être énoncés. Ainsi, à un enfant qui aurait écrit *« Avec les garçons, on peut jouer au foot et faire du sport. »*, l'enseignant demande : *« C'est tout ? Les garçons ne font que cela ? En font-ils tous ? »* Il en est de même pour les stéréotypes sur les filles.
La dernière phrase à compléter est également importante, puisqu'elle véhicule l'idée qu'entre garçons et filles on peut s'entendre, jouer ensemble, partager des choses… Les propositions seront également lues et commentées.

L'enseignant élabore la trace écrite avec les enfants en faisant résumer les points essentiels qu'il note au tableau. Par exemple :

Les filles et les garçons sont différents. Les garçons ne sont pas forcément plus forts et les filles ne sont pas forcément plus faibles. Filles et garçons doivent être respectés de la même façon.

PHRASE IMPORTANTE

Pour clore la séquence, l'enseignant peut proposer cette citation qui résume l'ensemble de ce qui a été vu :
La parole des filles doit être écoutée et respectée comme la parole des garçons. (D'après Hubertine Auclert)

PROLONGEMENTS

- Observer et décrire les jeux d'enfants sur le tableau *Jeux d'enfants* de Brueghel.
- Lire *Les poupées c'est pour les filles* de Ludovic Flamant et Jean-Luc Englebert.
- Lire *Petit Bleu et petit jaune* de Léo Lionni.

SÉANCE 12
Quels sont les métiers pour les filles et pour les garçons ?

DÉROULEMENT DE LA SÉANCE

Connaissances
- *Connaitre des métiers.*
- *Comprendre la notion de féminin et de masculin.*

Capacités
- *Faire évoluer ses représentations.*
- *Se projeter dans l'avenir.*
- *Développer des aptitudes à la réflexion critique pour fonder ses jugements.*
- *Savoir utiliser un dictionnaire.*

Lexique
Connaitre le féminin et le masculin des noms de métiers.

DURÉE : 50 minutes environ.
Cette séance s'adresse aux CE2.

ÉTAPE 1 OBSERVATION ET ÉCHANGE AUTOUR DE L'ILLUSTRATION

DURÉE 15 minutes
ORGANISATION Collective.
MATÉRIEL • Fiche document C : Et toi, comment tu te vois plus tard ?

L'enseignant laisse les enfants observer quelques minutes l'image (projetée et/ou photocopiée pour chacun) avant de la faire décrire.

> Que nous montre cette illustration ?

Des enfants marchent et discutent. Ils semblent parler de leur avenir, comment ils s'imaginent, quel métier ils pourraient faire.
L'enseignant peut demander de traduire les bulles en paroles :

> Que dit la fille ? Que dit le garçon ?

On imagine que la fille dit : « Plus tard, j'aimerais être pompier. » et que le garçon annonce : « Plus tard, j'aimerais m'occuper des bébés. » Pour le garçon, le métier n'est pas déterminé : cela peut être un travail dans une crèche, par exemple.
L'enseignant invite les élèves à s'exprimer sur ce choix de métier. Il interroge sur le féminin et le masculin :

> Comment nomme-t-on une fille qui travaille chez les pompiers ? Et un garçon qui s'occupe des bébés ?

Il laisse les enfants réagir, voire s'étonner en les incitant à préciser pourquoi. Puis il conclut en disant qu'effectivement, il y a des métiers largement représentés par des hommes ou des femmes mais que cela n'empêche pas un homme ou une femme de l'exercer. L'idée est de faire émerger les représentations et les stéréotypes sur les métiers féminins ou masculins, mais d'ouvrir également le débat à des questions plus larges telles que : les attitudes des filles et des garçons, leurs habitudes ou leur choix de vêtements, etc. Les élèves sont invités à donner des exemples : on attribue le rose aux filles alors qu'un garçon peut très bien en porter ; on a tendance à penser que les filles sont plus sensibles alors que les garçons ont d'autres moyens pour exprimer leur sensibilité ; etc.

ÉTAPE 2 RÉFLEXION AUTOUR DES REPRÉSENTATIONS DES FILLES ET DES GARÇONS

DURÉE 15-20 minutes
ORGANISATION Individuelle
MATÉRIEL • Fiche activité 3 : Un garçon - Une fille

Avant la réalisation de la fiche, les consignes sont lues collectivement.
Éventuellement, si certains enfants le demandent, ils peuvent utiliser le dictionnaire (afin de rechercher le féminin ou le masculin d'un mot), même si cela ne servira pas pour certains termes comme *nounou* ou *femme de ménage*. Pour ces métiers précisément, l'enseignant invite à faire des propositions.
Concernant la question 2, l'enseignant précise qu'une phrase (voire deux) est suffisante, mais qu'on doit bien comprendre de quel métier il s'agit.
Le dessin à effectuer pour la question 3 consiste à se représenter, comme sur l'illustration de départ, dans le futur métier imaginé : il est donc important de faire apparaitre des éléments caractéristiques.

ÉTAPE 3 REPRISE COLLECTIVE ET ÉLABORATION D'UNE TRACE ÉCRITE

DURÉE 15 minutes
ORGANISATION Collective
MATÉRIEL • Fiche activité 3 complétée

Pour le premier exercice, chaque métier est repris un à un. La classe valide ou non, collectivement, le choix du féminin ou du masculin. L'enseignant écrit les mots au tableau afin que les enfants corrigent éventuellement l'orthographe. Au fur et à mesure de la correction, la classe va probablement réagir sur les métiers difficiles à « transformer » : par exemple, sur le fait que certains mots sont les mêmes pour les filles et les garçons (*maire, pilote*...) ou sur le fait que des mots n'existent pas dans l'autre genre (*nounou, femme de ménage*). On peut rappeler aux élèves qu'effectivement, ces métiers sont davantage effectués par des femmes (on peut même essayer de comprendre pourquoi ensemble), mais qu'un homme peut aussi s'occuper d'enfants ou faire le ménage, même si c'est plus rare. Les propositions faites pour *nounou* et *sage-femme* sont discutées.
Pour le deuxième exercice, les enfants qui le souhaitent proposent de lire leur réponse, ce qui peut donner lieu à des échanges.
L'enseignant corrige ultérieurement l'orthographe et la grammaire des réponses écrites.

Enfin, collectivement et oralement, l'enseignant élabore la trace écrite avec les enfants en faisant résumer les points essentiels qu'il note au tableau. Par exemple :

Les filles et les garçons sont différents. Ils doivent être respectés de la même façon. Aussi, chacun est libre de choisir le métier qui lui plait.

PROLONGEMENT REGARDER UNE VIDÉO SUR L'ÉGALITÉ FILLE-GARÇON

Après avoir visionné la vidéo, demander aux enfants : « Qu'est-ce que cela veut dire, quand on dit que les garçons et les filles sont égaux ? » L'objectif est de comprendre qu'être égaux signifie que les filles et les garçons ont les mêmes chances de réussir à l'école, qu'ils ont les mêmes droits et sont libres de choisir leurs activités et un métier.
Demander quels métiers par exemple peut choisir un garçon (*tous, y compris danseur, infirmier ou homme au foyer*...) et quels métiers peut choisir une fille (*tous, y compris présidente, pilote de chasse*...). Autrement dit, chacun est libre de choisir ce qui lui plait et lui correspond, sans être enfermé dans un rôle stéréotypé.

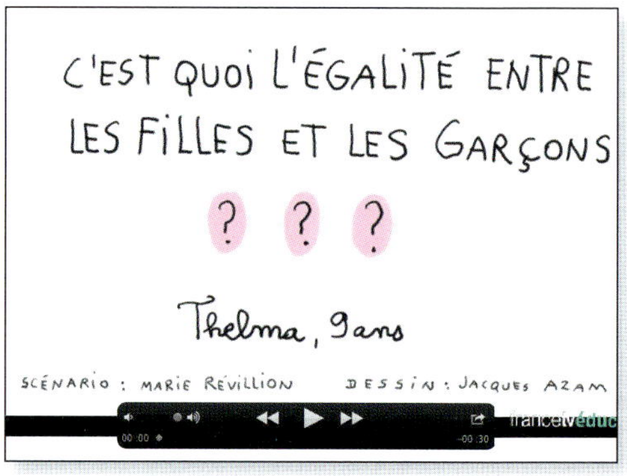

© France télévisions – Milan presse.

ENFANTS JOUANT

Claude Renoir jouant, Auguste Renoir, 1905.

L'Enfant à la poupée, Henri Martin.

[FICHE ACTIVITÉ 1]
Filles et garçons

JEUX D'ENFANTS

Voici une série de tableaux.
Propose un titre pour chacun d'eux.

1

2

3

4

LES FILLES ET LES GARÇONS

« Je ne supporte pas les filles », disent les garçons.
« Je ne supporte pas les garçons », disent les filles.
Ce n'est pas vrai. Parfois c'est agréable de jouer et de bavarder avec les garçons.
Parfois c'est mieux avec les filles.
Il y a des jeux où les filles dérangent,
il y a en a aussi de communs.

Les Règles de la vie : pédagogie pour les jeunes et les adultes,
Janusz Korczak, © Éditions Fabert.

« Je ne supporte pas les filles », disent les garçons.
« Je ne supporte pas les garçons », disent les filles.
Ce n'est pas vrai. Parfois c'est agréable de jouer et de bavarder avec les garçons.
Parfois c'est mieux avec les filles.
Il y a des jeux où les filles dérangent,
il y a en a aussi de communs.

Les Règles de la vie : pédagogie pour les jeunes et les adultes,
Janusz Korczak, © Éditions Fabert.

« Je ne supporte pas les filles », disent les garçons.
« Je ne supporte pas les garçons », disent les filles.
Ce n'est pas vrai. Parfois c'est agréable de jouer et de bavarder avec les garçons.
Parfois c'est mieux avec les filles.
Il y a des jeux où les filles dérangent,
il y a en a aussi de communs.

Les Règles de la vie : pédagogie pour les jeunes et les adultes,
Janusz Korczak, © Éditions Fabert.

COUR DE RÉCRÉATION

Découpe toutes les filles et tous les garçons de la classe puis colle-les sur la feuille en imaginant que c'est une cour de récréation.

FILLE	FILLE	*GARÇON*	*GARÇON*
FILLE	FILLE	*GARÇON*	*GARÇON*
FILLE	FILLE	*GARÇON*	*GARÇON*
FILLE	FILLE	*GARÇON*	*GARÇON*
FILLE	FILLE	*GARÇON*	*GARÇON*
FILLE	FILLE	*GARÇON*	*GARÇON*
FILLE	FILLE	*GARÇON*	*GARÇON*

[FICHE ACTIVITÉ 2]
Filles et garçons

AVEC LES FILLES, AVEC LES GARÇONS

1 Relis le texte de Korczak et complète les phrases ajoutées.

« Je ne supporte pas les filles », disent les garçons.

« Je ne supporte pas les garçons », disent les filles.

Ce n'est pas vrai. Parfois c'est agréable de jouer et de bavarder avec les garçons.

Avec les garçons, on peut ....

....

Parfois, c'est mieux avec les filles.

Il y a des jeux où les filles dérangent, il y en a aussi de communs.

Avec les filles, on peut ....

....

En fait, les filles et les garçons ....

....

Janusz Korczak, © Éditions Fabert (pour les passages en italique).

2 Réponds aux questions.

As-tu une amie fille ? Si oui, comment s'appelle-t-elle ?

....

As-tu un ami garçon ? Si oui, comment s'appelle-t-il ?

....

Jouez-vous ensemble ? Si oui, à quoi ? ....

....

....

ET TOI, COMMENT TU TE VOIS PLUS TARD ?

Illustration de Jérôme Tesseyre.

UN GARÇON – UNE FILLE

1 Écris le féminin ou le masculin de chacun de ces métiers. Tu peux t'aider d'un dictionnaire.

un footballeur – une ....

une nounou – un ....

une sage-femme – un ....

un maire – une ....

un pilote – une ....

une femme de ménage – un ....

une secrétaire – un ....

un plombier – une ....

2 Et toi, quel(s) métier(s) imaginerais-tu faire plus tard ?

Plus tard, ...

....

....

....

....

....

....

....

....

3 Dessine-toi dans ce métier.

SÉANCE 13

La croyance

INFORMATIONS POUR L'ENSEIGNANT

Quelles que soient ses croyances (ou sa non-croyance), ses convictions spirituelles ou ses conceptions philosophiques, l'enseignant est soumis à un strict devoir de neutralité et il ne peut, à aucun moment, dire ce qu'il pense. Par ailleurs, ce n'est pas parce que l'école est publique et laïque que la question du fait religieux, de la croyance et de la foi doit être proscrite de la classe et des enseignements. En éducation civique, il s'agit même d'un thème qu'il faut pouvoir aborder sans tabou dans une société où la religion est très présente, dans les débats publics comme dans les familles.

La croyance ne se discute pas. Cela relève de la liberté de conscience de chacun, de l'intime et ne doit être soumise à aucune comparaison. C'est une des grandes libertés publiques garanties tant par la Déclaration des droits de l'homme, que par la Constitution et les organisations internationales. Du reste, l'article 1 de la Constitution de la ve République fixe que « La France est une République indivisible, laïque, démocratique et sociale. Elle assure l'égalité devant la loi de tous les citoyens sans distinction d'origine, de race ou de religion. Elle respecte toutes les croyances. » La **laïcité** est donc d'abord et avant tout le respect des croyances et de la non-croyance, et non la négation de la foi.

COMMENT L'EXPLIQUER AUX ENFANTS ?

Rares sont les enfants qui croient par volonté, comme on parle d'un acte de foi. Les enfants peuvent être dans les préjugés, les certitudes naïves et considérer comme vraie une idée ou une opinion. L'objectif du travail avec les élèves est de développer leur tolérance à l'égard de la croyance, ou de la non-croyance, des autres. Cette tolérance n'est pas seulement un idéal démocratique, mais c'est aussi la garantie que les autres seront tolérants à leur égard. Les élèves doivent comprendre très vite la diversité des croyances, le fait que certains croient et d'autres non, que certains camarades sont dans des familles où se pratique une autre religion que la leur ou aucune. Ils doivent percevoir aussi que la croyance peut concerner des choses beaucoup plus simples, comme la petite souris après la perte d'une dent ou encore le fait de croire au Père Noël. Et qu'il n'y a aucune raison de se moquer, de trouver cela « bête » ou « mal ». Accepter que ses camarades croient à quelque chose ou à un dieu est une liberté profonde. Amener à être tolérant, c'est en effet faire comprendre que personne ne peut être tout à fait certain d'avoir, seul et contre tous, la vérité. Et cela implique aussi de défendre celui qui, dans l'école, peut être sujet à l'intolérance des autres.

Laïcité : *principe républicain qui sépare le religieux de la vie publique. Mais la laïcité ne signifie pas le refus du religieux. C'est la neutralité qui est la clé de ce principe de tolérance.*
Tolérance : *fait d'admettre des différences ou des manières de dire ou de penser des autres.*

SÉANCE 13
Croire ou ne pas croire ?

DÉROULEMENT DE LA SÉANCE

Connaissances
- *Connaitre différents types de croyance.*
- *Savoir ce que signifie être tolérant.*

Capacités
- *Lire une planche de bande dessinée.*
- *Repérer des attitudes irrespectueuses et de moquerie.*
- *Apprendre à respecter les croyances (ou la non-croyance) des uns et des autres.*
- *Comprendre la liberté d'avoir une croyance ou non.*
- *Justifier, argumenter ses choix.*

Lexique
Connaitre le mot croyance *: fait de croire à quelque chose ou en quelqu'un.*

DURÉE : 55 minutes.

ÉTAPE 1 ÉCHANGE ET RÉFLEXION AUTOUR DU DOCUMENT ILLUSTRÉ

DURÉE 15 minutes
ORGANISATION Collective
MATÉRIEL • Fiche document : Max et Lili fêtent Noël en famille .

La planche est vidéoprojetée et/ou photocopiée.

CP

La planche est lue collectivement.

CE1 ET CE2

L'enseignant laisse un temps de lecture silencieuse aux enfants, puis il procède à une lecture orale collective.
L'idée est de faire émerger la notion de croyance, et d'abord en celle du Père Noël qui est simple et connue de tous, à partir du document proposé. Une série de questions est posée :

> **À quelle période se déroule cette scène ? Que fait Max ? Comment se comporte Lili ? Que fait-elle ?**

Les élèves doivent prendre conscience qu'elle se moque de son frère qui croit au Père Noël parce qu'elle n'y croit pas. L'enseignant oriente alors la discussion sur l'attitude de Lili :

> **Que pensez-vous de son attitude ? Du fait qu'elle se moque de son frère et qu'elle le traite de bébé ?**

Laisser les enfants proposer leur point de vue tout en veillant à ce que la discussion ne glisse pas vers « le Père Noël existe ou non ? ». Là n'est pas du tout la question. L'essentiel est d'amener les enfants à souligner le fait que Lili ne respecte pas ce en quoi croit son frère.

L'enseignant peut donc demander :

> **Lili se moque de son frère, mais après tout, est-ce qu'il n'a pas le droit de croire au Père Noël ? Et le papa, n'a-t-il pas le droit non plus d'y croire s'il en a envie ?**

L'enseignant laisse à nouveau les enfants donner leur point de vue. À l'issue de cette discussion, les élèves doivent comprendre que toute personne, petite ou adulte, a le droit de croire (ou de ne pas croire) en ce qu'elle veut. C'est une liberté et nul ne doit en juger. Autrement dit, chacun doit respecter les croyances (et la non-croyance), quelles qu'elles soient, des uns et des autres. Suite à cela, l'enseignant interroge les enfants sur les croyances :

> **Est-ce que vous connaissez d'autres sujets, d'autres choses en lesquelles croient les enfants et les hommes ?**

Les enfants font des propositions, validées ou non par l'enseignant. À moins que cela n'ait déjà été proposé par les enfants, l'enseignant propose l'idée de Dieu : « parce qu'il y a des hommes qui croient en Dieu et d'autres qui n'y croient pas. » Dans tous les cas cités et proposés par les enfants, et dans le cas de la religion précisément, l'enseignant rappelle que chacun est libre d'y croire ou non. Et que personne n'a à porter de jugement, à se moquer (comme Lili) ou à essayer de prouver le contraire. L'enseignant peut d'ailleurs préciser qu'il existe un article de loi disant que *toute personne a droit à la liberté de pensée, de conscience et de religion* (article 18 de la Déclaration des droits de l'homme).

ÉTAPE 2

RÉFLEXION AUTOUR DU CONCEPT DE « CROIRE » (CP ET CE1)

RÉFLEXION AUTOUR DE LA LAÏCITÉ (CE2)

DURÉE 20 minutes
ORGANISATION Individuelle
MATÉRIEL • Fiche activité : Croire ou ne pas croire ?

CP

La consigne est lue par l'enseignant, ou collectivement par la classe si le niveau en lecture le permet. L'enseignant veille à ce que les enfants aient bien compris la consigne et notamment le fait de *se moquer comme Lili*, comme sur la planche vue dans le premier temps (« Ma parole, il croit encore au Père Noël, ce bébé... »). Puis le travail se déroule individuellement. Pour les moins à l'aise, les bulles sont lues au fur et à mesure par l'enseignant, qui laisse aux enfants le temps de choisir la couleur et de colorier avant de passer à la bulle suivante.

CE1

La consigne du premier exercice est lue collectivement et réexpliquée si besoin (notamment le mot « croyance »). Puis l'amorce de phrase proposée dans la bulle est lue et l'enseignant demande à la classe de faire quelques propositions de développement. Par exemple : « Tu sais, Lili, Max a tout à fait le droit de croire au Père Noël, s'il le veut. » ou « Tu sais, Lili, chacun est libre de croire en ce qu'il veut. »

CE2

Expliquer aux enfants que le texte à partir duquel ils vont travailler fait partie des textes qui concernent les droits des enfants. Leur demander quels sont les droits qu'ils connaissent les concernant. Puis, expliquer :

> **En tant qu'enfants vous avez des droits. Il est question ici du droit de croire ou de ne pas croire. Le texte parle de la religion. Quelqu'un peut-il expliquer ce qu'est une religion ?**

Laisser répondre et au besoin dire : *une religion c'est quand on croit en un dieu.*

ÉTAPE 3 MISE EN COMMUN ET ÉLABORATION D'UNE TRACE ÉCRITE

DURÉE 20 minutes
ORGANISATION Collective
MATÉRIEL • Fiche activité complétée

CP

Les bulles sont lues et discutées une à une. Chaque choix de couleur doit être validé et surtout justifié. Par exemple, pour la bulle *Je n'aime pas ceux qui ne croient pas comme moi*, l'enseignant peut demander : « Quelle couleur avez-vous choisie ? Pourquoi ? Qu'est-ce que cela veut dire si un enfant dit cela ? » Il s'agit de montrer à chaque fois ce que peut engendrer un manque de respect des croyances (ou de la non-croyance) des autres : moquerie, conflit, haine, rejet…

CE1

Les enfants sont invités à lire la phrase écrite dans leur bulle. L'enseignant fait interagir la classe afin de voir si la phrase est bien choisie, si les paroles du père vont bien dans le sens du respect de la croyance de Max. Si tel n'est pas le cas, l'enseignant peut demander aux autres élèves s'ils trouvent les paroles proposées convaincantes ou suffisantes pour éclairer l'idée que l'on est libre de croire ou pas.
Le second exercice est ensuite repris : les propositions sont lues une à une et le choix des réponses est discuté collectivement.
Exemples :
On est obligé de croire comme les autres. « Qu'avez-vous choisi ? Faux ? Pourquoi est-ce qu'on n'est pas obligé de croire comme les autres ? »
Parfois, les gens se disputent quand ils ne croient pas pareil. « Qu'en pensez-vous ? Est-ce que cela arrive ? Pourquoi ? Comment les gens se disputent-ils ? » Etc.
Le questionnaire amène ainsi à réfléchir de nouveau aux problèmes que peut poser la question de la croyance : clivage, non-respect, intolérance, conflits… Il s'agit de rappeler à chaque fois que, malgré cela, les hommes doivent apprendre à respecter la liberté de chacun de croire, ou non, ou différemment d'eux.

CE2

L'article est lu collectivement. Les questions sont reprises une à une. Il s'agit du droit de croire ou de ne pas croire. Pour la question 2, laisser les enfants répondre puis évoquer notamment : *la guerre, l'intolérance à l'autre…*
Exercice 3 : quelle que soit la formulation choisie, l'important est que l'élève ait mentionné le fait que chaque enfant peut ne pas avoir de religion également.
Exercice 4 : vérifier la juste association.
Exercice 6 : donner le mot que les enfants auront peut-être eu du mal à trouver (mais ils auront peut-être proposé des idées « originales ») : *athée, non croyante.*

Enfin, collectivement et oralement, l'enseignant élabore la trace écrite avec les enfants en faisant résumer les points essentiels qu'il note au tableau. Par exemple :

> ***Enfant, on peut croire au Père Noël, à la petite souris… et ceux qui n'y croient pas doivent respecter ceux qui y croient. Dans la vie, des enfants et adultes croient en Dieu par exemple, et d'autres n'y croient pas. C'est une liberté, et pour pouvoir vivre ensemble, il est très important de respecter et d'accepter les croyances et les non croyances de tous.***

PHRASE IMPORTANTE

Pour clore la séquence, l'enseignant peut proposer cette citation qui résume l'ensemble de ce qui a été vu : *La France […] respecte toutes les croyances.* (D'après l'article 1 de la Constitution de la Ve République)

MAX ET LILI FÊTENT NOËL EN FAMILLE

Dominique de Saint-Mars et Serge Bloch,© Éditions Calligram.

CROIRE OU NE PAS CROIRE ?

Colorie en rouge les paroles des enfants qui se moquent, comme Lili.
Colorie en vert les paroles des enfants qui ne se moquent pas.

CROIRE OU NE PAS CROIRE ?

1 Imagine ce que le papa pourrait dire à Lili pour qu'elle respecte la croyance de Max.

Tu sais, Lili, ...
....
....
....
....
....

2 Coche *vrai* ou *faux*.

	V	F
Un adulte a le droit de croire au Père Noël.	☐	☐
On est obligé de croire comme les autres.	☐	☐
On peut avoir honte si on ne croit pas comme les autres.	☐	☐
On est libre de croire, ou non, en Dieu.	☐	☐
On peut forcer son copain à croire comme nous.	☐	☐
Parfois, les gens se disputent quand ils ne croient pas pareil.	☐	☐
Si les autres ne croient pas comme moi, ils se trompent.	☐	☐

CROIRE OU NE PAS CROIRE ?

1 Lis cet article de la Convention des droits de l'enfant rédigée par l'Unesco.

Article 14 :
Chaque enfant a une religion à lui.

Tu as en effet le droit de penser ce que tu penses, mais aussi le droit de croire au Dieu auquel tu aimerais croire. Il y a des personnes qui croient en Allah, d'autres en Bouddha, d'autres encore en Jésus-Christ ou au Messie. Certaines personnes ne croient en aucun Dieu. Personne ne peut t'interdire de prier comme tu l'as appris à la maison, ni d'aller au service religieux en compagnie de tes parents. À quatorze ans, tu peux décider quelle sera ta croyance. Le droit de croire à son Dieu s'appelle liberté de religion. Les États parties respectent le droit qu'ont tes parents de t'apporter leur appui en réfléchissant avec toi et en t'écoutant.

2 De quel droit cet article parle-t-il ?

....

....

3 Que peut-il se passer quand ce droit n'est pas respecté ?

....

4 Augmente la première phrase de la déclaration pour qu'elle soit encore plus juste.

Chaque enfant a une religion à lui ....

....

5 Surligne dans le texte le nom des dieux.
Relie chaque dieu à la religion qui lui correspond.

Allah •	• le christianisme
Jésus-Christ •	• le bouddhisme
Bouddha •	• l'islam
le Messie •	• le judaïsme

6 Comment appelle-t-on une personne qui ne croit en aucun dieu ?

....

THÈME 2

MOI ET LES AUTRES

SÉANCES 1 ET 2
La politesse

INFORMATIONS POUR L'ENSEIGNANT

On connait la chanson *Fais pas ci, fais pas ça*... La politesse fait partie des usages minimaux de la vie sociale. Elle est à la fois le premier des signes de respect à l'égard des autres et une obligation. Cette notion, souvent discutée, mérite qu'on la définisse plus précisément. Pour le philosophe André Comte-Sponville, dans son *Petit Traité des grandes vertus*, la politesse est la plus petite d'entre elles. À la fois utile et formelle, elle est nécessaire mais pas suffisante. La politesse est utile et nécessaire pour une vie harmonieuse et permet, de plus, de commencer à s'initier aux règles de la vertu et de la bonne conduite. Car il n'y a rien de moins naturel que la politesse. Pour autant, sans elle, que serait la vie en société ?

La politesse est formelle et d'une certaine manière insuffisante. On peut être un escroc notoire et être parfaitement poli. La politesse peut même être un moyen de masquer sa filouterie. On sait qu'à Paris, le soir, dans les diners mondains de l'Occupation, pendant la guerre, les nazis pouvaient être très polis... Ce n'est donc pas un gage de qualité morale. Mais c'est le commencement, la base même de relations sociales apaisées. À condition qu'elle soit **sans hypocrisie**. L'hypocrisie serait d'être flatteur, flagorneur, intéressé (la flagornerie est le fait de flatter bassement de manière intéressée). Au contraire, la politesse est une des manifestations de base du respect minimal que l'on doit à l'autre. La Bruyère disait : « Faire que par nos paroles et nos manières les autres soient contents de nous et d'eux-mêmes. » Au fond, si la politesse n'est pas suffisante, elle est le commencement des relations humaines. Au-delà d'elle, et parfois en elle (lorsqu'il s'agit d'une politesse sans hypocrisie), il y a le respect profond et sincère.

Hypocrisie : *manière d'être qui vise à cacher ses vrais sentiments et ses pensées.*
Savoir-vivre : *fait de connaitre, de maitriser et d'utiliser les bonnes manières de politesse et de courtoisie.*

CE QU'IL FAUT EXPLIQUER AUX ENFANTS

La politesse est faite de gestes, de mots, de manières de se tenir et de regarder qui permettent à chacun de se sentir à l'aise ; en revanche, il est désagréable que l'on soit malpoli à notre endroit. Faire sentir ce que peuvent ressentir les autres subissant l'impolitesse est le plus sûr moyen de bien comprendre l'importance de ce savoir-vivre, de cette civilité nécessaire. Or c'est à cet âge, à l'école primaire, que doit pouvoir se développer tout un ensemble de manières « polies » de faire et de dire. Il est important que la politesse devienne un automatisme, une sorte de règle générale pour se comporter de façon courtoise : écouter les autres quand ils parlent, tenter de les comprendre, accepter de laisser passer quelqu'un... Mais il faut faire en sorte que cet automatisme soit compris et motivé par du respect.

À propos de l'hypocrisie éventuelle des gens polis, trop polis précisément, il convient d'expliquer qu'il y a une différence entre la politesse et le fait de flatter ou d'en faire trop. La politesse, c'est simplement donner aux autres ce que l'on est en droit d'attendre d'eux : dire bonjour,

c'est être reconnu pour ce que l'on est (un être humain avec ses caractéristiques) et ne pas être ignoré ; dire merci, c'est la moindre des choses ; accepter de dire pardon, c'est aussi montrer aux autres que l'on a conscience de les avoir gênés, même si ce n'est pas intentionnel. Dire s'il te/vous plait revient à montrer que tout ne nous est pas dû. On peut demander un service à condition qu'il soit assorti d'une formule de politesse. Même si, pour les enfants (et parfois les adultes), cela peut paraitre formel. Qu'on le veuille ou non, qu'on le regrette ou non, c'est par la politesse, par cette première forme de se présenter aux autres, que l'on est jugé dans la vie sociale.

SÉANCE 1
Pourquoi doit-on être poli ?

DÉROULEMENT DE LA SÉANCE

Connaissances
- *Connaitre les principes et les raisons de la politesse.*
- *Retenir les formules essentielles de politesse* (bonjour, merci…)*.*
- *Connaitre les comportements de politesse.*

Capacités
- *Lire une planche de bande dessinée.*
- *Repérer des comportements impolis.*
- *Comprendre la nécessité d'être poli, en saisir l'intérêt.*
- *Écrire de courtes phrases de politesse.*

Lexique
- *Comprendre les mots* mépris, indifférence, reconnaissance.
- *Connaitre le mot* ressentir.

DURÉE : 55 minutes.

ÉTAPE 1 — ÉCHANGE ET RÉFLEXION AUTOUR DU DOCUMENT ILLUSTRÉ

DURÉE 15 minutes
ORGANISATION Collective
MATÉRIEL • Fiche document : Lili est malpolie

La planche est vidéoprojetée et/ou photocopiée. L'enseignant laisse le temps nécessaire à sa lecture. Il explique éventuellement ce qui n'a pas été compris, notamment au CP. Puis il amorce un échange collectif en posant des questions sur la situation décrite dans le récit et en élargissant le champ de réflexion :

> **Comment se comporte Lili ? Pourquoi ne dit-elle pas bonjour ? À qui doit-on le dire ? Et pourquoi ? À quoi sert la politesse ?**

L'objectif est de faire comprendre aux enfants que la politesse permet des relations amicales, cordiales et respectueuses entre les uns et les autres, afin de vivre correctement ensemble, d'éviter les vexations ou les incompréhensions, de mieux être à l'écoute. L'enseignant peut d'ailleurs donner des exemples en interpellant les enfants :

> **Imaginez que vous rencontrez quelqu'un que vous connaissez dans la rue, qu'il vous voit et passe devant vous sans dire bonjour… Qu'est-ce que vous ressentiriez ? *(mépris, indifférence, sentiment de ne pas exister…)*. Imaginez que vous partagez votre gouter avec un copain et qu'il ne vous dit même pas merci… Quels seraient vos sentiments ? *(injustice, mépris, manque de reconnaissance…)*.**

Ces exemples visent à faire prendre conscience aux enfants de ce que peut engendrer un manque de politesse, notamment la plus élémentaire (*bonjour, merci, au revoir…*), et à leur permettre de comprendre que la politesse est indispensable pour établir un minimum de relations aimables, correctes, les uns envers les autres.

Enfin, l'enseignant demande à la classe de donner des exemples d'attitudes et de paroles de politesse. Par exemple, se taire quand les autres parlent, s'excuser quand on a involontairement fait mal à quelqu'un, céder sa place à une personne plus âgée dans les transports en commun, vouvoyer un adulte, etc.

ÉTAPE 2 — ÉCRITURE AUTOUR DES COMPORTEMENTS DE POLITESSE

DURÉE 20-25 minutes
ORGANISATION Individuelle
MATÉRIEL • Fiche activité 1 : La politesse

CP

Pour la première activité, l'enseignant précise que l'on peut écrire un mot ou une petite phrase, dans tous les cas quelque chose de court, en donnant éventuellement des exemples. Les réponses attendues, *a minima*, sont du type : « Bonjour maîtresse ! Une baguette, s'il vous plait ! Au revoir madame ! Excuse-moi ! Voulez-vous vous asseoir ? » On soulignera d'ailleurs le choix pertinent du vouvoiement dans la dernière situation. L'enseignant peut écrire au tableau, si nécessaire, les mots d'usage de politesse dont les enfants auront besoin pour cet exercice d'écriture.

Le deuxième exercice est réalisé individuellement, si le niveau de classe le permet, sinon l'enseignant peut lire les paires de propositions une à une en faisant réfléchir et discuter la classe afin de cocher ensemble *vrai* ou *faux*.

CE1 ET CE2

Les consignes sont lues collectivement. Pour le second exercice, il faut veiller à ce que les enfants comprennent bien ce que signifie le verbe *ressentir*. L'enseignant précise, par exemple : « Ce que l'on ressent, c'est ce que cela nous fait. Cela nous rend triste, joyeux, déçu… Ce que l'on ressent, ce sont les sentiments, les impressions, les émotions. » Ainsi, dans les situations proposées, il faut imaginer quels sentiments peut avoir la personne. Les phrases écrites peuvent donc commencer par : « Elle se sent… » ou « Il ressent… ». Si les enfants ne connaissent pas *messes basses*, l'enseignant explique qu'il s'agit de parler à l'oreille de l'autre pour ne pas être entendu.

ÉTAPE 3 — MISE EN COMMUN

DURÉE 15-20 minutes
ORGANISATION Collective
MATÉRIEL • Fiche activité 1 complétée

La mise en commun va permettre de relancer la réflexion sur le thème de la politesse mais aussi de discuter des idées proposées lors des activités de production d'écrit, dans la fiche CP comme dans la fiche CE1/CE2.

CP

Dans le premier exercice, l'enseignant demande aux élèves ce qu'ils pensent de telle formule de politesse, si elle est adaptée à la situation, quitte à proposer une autre tournure. Pour la quatrième situation par exemple (l'enfant a été bousculé), un élève propose : « Désolé ! » L'enseignant questionne la classe : « Qui peut nous en dire plus ? Qui a fait une phrase plus développée ? Est-ce que l'on peut dire autre chose ? Et pourquoi faut-il être désolé ? »

Il ne s'agit pas seulement de vérifier le choix et la pertinence de formules telles que *bonjour*, *au revoir* ou *merci*, mais aussi de rappeler en quoi ces paroles de politesse sont nécessaires et utiles : elles permettent de bien vivre ensemble, dans le respect des uns et des autres, dans un monde où l'on considère les autres plutôt que de les mépriser ou leur manquer d'égard… ce qui rend la vie moins dure.

Chaque proposition du deuxième exercice est également discutée dans ce sens. Il faut axer ici la réflexion sur la sincérité de la politesse, liée à son intérêt : on est poli non pas parce qu'on nous l'a dit ou que c'est obligatoire, mais parce que l'on a conscience que cela engendre le respect, la considération, la mise en valeur de l'autre et de soi.

CE1 ET CE2

Chaque proposition choisie du premier exercice est justifiée. L'idée principale est, comme dans la fiche CP, que l'on n'est pas poli pour éviter d'être puni, ou parce que les gens nous le demandent, ou encore parce que l'on se sent regardé ; on l'est par respect et considération pour les autres. Autrement dit, la correction permet de réfléchir plus encore sur la question de la politesse.

Le second exercice permet de pointer les ressentis liés au manque de politesse, afin de mettre en évidence une nouvelle fois l'intérêt de la pratiquer. La mise en commun va donner l'occasion de débats collectifs. Par exemple, pour la première situation, un enfant propose : « La maîtresse se sent triste. » L'enseignant demande alors : « Triste ? C'est-à-dire ? Pourquoi ? Est-ce que quelqu'un peut préciser ? » Puis : « Quelqu'un a une autre idée ? »

SÉANCE 2
Vraie ou fausse politesse ?

DÉROULEMENT DE LA SÉANCE

Connaissances
- *Rappeler les principes de la politesse.*
- *Rappeler les formules essentielles de politesse (*bonjour, merci…*).*

Capacités
- *Distinguer la « vraie » politesse de la « fausse » politesse.*
- *Analyser des situations illustrées.*
- *Comprendre que la politesse est liée à une forme de respect.*

Lexique

Comprendre le mot considération.

DURÉE : 55 minutes.

ÉTAPE 1 MISE EN COMMUN

DURÉE 15 minutes
ORGANISATION Collective

L'enseignant commence par faire rappeler le contenu de la séance précédente et notamment les conséquences d'un manque de politesse envers les autres. Il fait également énumérer les paroles et les gestes considérés comme des marques de politesse.
L'enseignant annonce aux enfants qu'ils vont travailler à présent sur une fiche activité où ils devront distinguer ce que l'on pourrait appeler « la vraie politesse » de « la fausse politesse ». Il demande aux enfants ce que pourrait être, selon eux, la fausse politesse et donne un exemple : « Un monsieur est assis dans le bus. Il se lève pour laisser sa place à une vieille dame qui vient de monter. La dame s'assoit puis, tout bas, le monsieur dit : "Oh, quelle vieille bique !" » L'enseignant demande aux enfants d'analyser cette attitude, de dire ce qu'ils en pensent, s'ils considèrent que c'est de la politesse, etc. Il invite les enfants à donner d'autres exemples de ce genre. L'objectif est de montrer que, parfois, on a l'impression que la personne est polie mais, finalement, on s'aperçoit qu'elle n'a pas de respect. Or, la vraie politesse s'accompagne de respect. Les deux sont liés.

ÉTAPE 2 ANALYSE DE SITUATIONS

DURÉE 10-15 minutes
ORGANISATION Individuelle.
MATÉRIEL • Fiche activité 2 : Poli « pour de vrai » ou poli « pour de faux »

Suite à l'échange oral dans la classe, l'enseignant annonce aux enfants qu'ils vont être amenés à observer des petites situations illustrées et à se demander s'il s'agit, pour chacune, de « vraie » politesse (c'est-à-dire celle qui est associée au respect réel des autres) ou de « fausse » politesse (c'est-à-dire lorsqu'il manque la véritable considération des autres).
La fiche est distribuée et la consigne est lue collectivement. Si certains enfants ont du mal à lire et à interpréter les images, l'enseignant procède à une lecture collective d'images avant de débuter l'exercice.

CP

L'amorce de phrase du dernier exercice est lue collectivement et des mots d'aide à l'écriture sont écrits par l'enseignant au tableau : *l'enfant – le monsieur – aide – ramasse.*

CE2

Les consignes sont lues collectivement. La citation de Rousseau est assez ardue. Inciter les enfants à utiliser le dictionnaire pour le mot *bienveillance*.

ÉTAPE 3 MISE EN COMMUN ET ÉLABORATION D'UNE TRACE ÉCRITE

DURÉE 25 minutes
ORGANISATION Collective
MATÉRIEL • Fiche activité 2 complétée

Chaque situation est décrite et commentée :

> **Que font les enfants ici ? Que pensez-vous de leur attitude ?**

L'objectif est bien de montrer que l'on peut utiliser des formules de politesse comme *bonjour* ou *merci*, sans pour autant être réellement poli, si on manque de respect pour les autres. Or, il est nécessaire de le rappeler : la politesse seule n'est pas suffisante, il faut qu'elle s'accompagne de respect.

CP

Pour les situations n° 1, 2 et 4, l'enseignant demande également comment il est possible de se comporter correctement. Par exemple : « Vous avez fait tomber un enfant dans la cour. Est-ce qu'un simple pardon suffit ? » (On remarquera par ailleurs le manque de respect dans la formule : « C'est bon, désolé ! »)

CP ET CE1

La situation de « vraie politesse » (n° 3 au CP et n° 2 au CE1) sera davantage analysée. L'enseignant demande aux enfants en quoi elle constitue une vraie situation de politesse et de respect : « Quelles sont les paroles et les attitudes qui le démontrent ? » L'enfant prend le temps de s'arrêter, il demande « pardon » et n'en reste pas là puisqu'il aide le monsieur... Autrement dit, il y a certes la formule de politesse *pardon*, mais surtout l'attitude de respect qui l'accompagne.

Enfin, chaque enfant lit sa phrase (pour le CP) ou la réponse donnée aux questions (pour les CE1). La classe validera ou non les propositions, selon leur pertinence.

CE2

La situation de départ est décrite : l'enfant dit « merci » mais passe devant tout le monde. Demander aux enfants ce qu'ils en pensent puis voir si, malgré le « merci », ils jugent que l'enfant est poli. Demander alors (question 2) si les paroles suffisent. L'idée ici est de montrer aux enfants que ce sont surtout les actes qui comptent – les paroles étant plus aisées que les actes. On a beau user de belles formules, si les actes ne suivent pas, ça ne vaut rien. La politesse est donc aussi un ensemble d'attitudes, de gestes envers les autres, marquant le respect. Préciser que l'on peut être poli dans certaines situations sans parole (par exemple, tenir la porte à une personne qui arrive derrière nous, se lever dans les transports pour donner sa place à une personne âgée...).

Demander alors aux enfants ce qu'est pour eux la vraie politesse, puis expliquer la citation de Rousseau : être vraiment poli veut dire être bon avec les autres, vouloir et agir pour le bien des autres.

Pour conclure, une trace écrite est élaborée collectivement à partir des points essentiels notés au tableau par l'enseignant, telle que :

> ***Dans la vie de tous les jours, il est important d'être poli, afin de bien respecter les gens et de mieux vivre les uns avec les autres. Cela rend la vie plus agréable et plus douce.***

PHRASE IMPORTANTE

Pour clore la séquence, l'enseignant peut proposer cette citation qui résume l'ensemble de ce qui a été vu : *La politesse est une clé d'or qui ouvre toutes les portes.* (Proverbe tunisien)

PROLONGEMENT

Lire *Lili est malpolie* (Éditions Calligram).

[FICHE DOCUMENT]
La politesse

LILI EST MALPOLIE

Dominique de Saint Mars et Serge Bloch, © Éditions Calligram.

LA POLITESSE

❶ Imagine et écris ce que l'enfant pourrait dire dans chaque situation (un mot de politesse, une petite phrase de respect, une question courte...).

Samy rencontre sa maitresse.

« ....
.... »

Laura demande une baguette à la boulangère.

« ....
.... »

Paulo quitte la bibliothèque.

« ....
.... »

Inès bouscule une camarade dans la cour.

« ....
.... »

Louis est installé dans le bus. Une vieille dame monte.

« ....
.... »

❷ Coche *vrai* ou *faux*.

	V	F
Je suis poli pour faire plaisir à mes parents.	☐	☐
Je suis poli pour respecter les autres.	☐	☐
Être poli, c'est faire semblant d'être gentil.	☐	☐
Être poli, c'est faire attention aux autres.	☐	☐
La politesse, ça rend la vie plus agréable.	☐	☐
La politesse, ça aide à bien s'entendre.	☐	☐

LA POLITESSE

1 Entoure ce qui est juste dans chaque groupe de phrases.

Je suis poli avec les autres parce que c'est obligé.

Je suis poli parce que c'est une façon de respecter les autres.

Je ne mets pas les pieds sur la table parce que cela ne se fait pas.

Je ne mets pas les pieds sur la table parce que je sais qu'on me regarde.

Je ne dis pas de gros mots pour ne pas être puni.

Je ne dis pas de gros mots parce que ça peut blesser les gens.

2 Pour chaque situation, imagine et écris en une phrase ce que ressent la personne.

Imagine ce que ressent une maitresse quand un élève ne lui dit pas bonjour.

....

....

....

....

....

Imagine ce que ressent une vieille dame quand elle est bousculée par quelqu'un qui ne s'excuse pas.

....

....

....

....

....

Imagine ce que ressent un enfant qui donne un bonbon à un copain qui s'en va sans dire merci.

....

....

....

....

Et toi, imagine ce que tu ressentirais si tu étais avec trois camarades en train de faire des messes basses devant toi.

....

....

....

....

CP

POLI « POUR DE VRAI » OU POLI « POUR DE FAUX » ?

Colorie en vert les ronds des situations où les enfants sont polis « pour de vrai » et en rouge les ronds où les enfants sont polis « pour de faux ».

1

2

3

4

POLI « POUR DE VRAI » OU POLI « POUR DE FAUX » ?

❶ Observe ces situations.

1

2

❷ Réponds aux questions.

• Quelle est la situation où l'enfant est vraiment poli ?

....

• Pourquoi ?

....

• Quelle est la situation où l'enfant n'est pas vraiment poli ?

....

• Pourquoi ?

....

❸ Complète la phrase.

Finalement, la vraie politesse c'est ....

....

POLI « POUR DE VRAI » OU POLI « POUR DE FAUX » ?

1 Observe cette situation.

2 Réponds aux questions.

• Que penses-tu de l'attitude de ce garçon ? Peut-on dire qu'il est poli ? Pourquoi ?

....

....

• Suffit-il de paroles comme « merci », « bonjour », « s'il vous plait »... pour être poli ? Que faut-il d'autre ?

....

....

• *« La véritable politesse consiste à marquer de la bienveillance aux hommes. »*
Jean-Jacques Rousseau

À ton avis, qu'a voulu dire Rousseau ? Qu'est-ce que la véritable politesse pour toi ?

....

....

....

....

....

....

SÉANCES 3 ET 4

L'honnêteté

INFORMATIONS POUR L'ENSEIGNANT

L'honnêteté est liée à la vérité et au mensonge. Être sincère, honnête, de bonne foi, c'est accepter de montrer toujours ses véritables intentions et ses sentiments. Pourtant, les occasions de mentir ou de ne pas être honnête ne manquent pas : la crainte des représailles, du groupe de copains ou de la sanction éventuelle, la désinvolture, l'intérêt porté par le désir d'avoir quelque chose que l'on n'a pas ou la volonté de nuire à un autre... Dans tous les cas, elles perturbent les relations sociales en instaurant une fausseté entre les personnes et surtout en faisant que le mensonge, la dissimulation s'installent.

Pour André Comte-Sponville, deux écoles philosophiques s'affrontent : la première qui veut que le mensonge soit proscrit en toute occasion et que seule la vérité soit dite, dans sa nudité et parfois sa cruauté (« Tu vas mourir, tu n'as plus aucune chance de t'en sortir. ») ; une seconde qui considère que le bien commun doit présider à l'honnêteté. Et qu'une autre forme d'honnêteté est de dire, lorsque des soldats nazis viennent rechercher des personnes pour les déporter : « Non, il n'y a personne. », devant le seuil de la maison où se cachent deux résistants ou juifs. La question qui se pose à un niveau philosophique est bien celle de l'absolu de l'honnêteté. Faut-il l'être toujours et en toute occasion ? Et l'honnêteté face à des gens malhonnêtes et malfaisants est-elle toujours souhaitable ?

Par ailleurs, le monde social nous apporte chaque jour, semble-t-il, un démenti flagrant de l'utilité de l'honnêteté. Ne vaut-il pas mieux dissimuler, être menteur et peu scrupuleux sur l'honnêteté pour réussir dans la vie professionnelle, pour passer devant les autres, en bref, pour devenir ce que l'on veut ? Les enfants en font le constat eux-mêmes, et de plus en plus à mesure qu'ils grandissent. Raison de plus pour enraciner ce sentiment d'honnêteté très jeune. D'autant que rien ne remplace le fait d'avoir la conscience tranquille parce que l'on a été honnête.

CE QU'IL FAUT EXPLIQUER AUX ENFANTS

Il s'agit donc, là encore, d'une notion subtile. Il faudrait pourtant pouvoir faire comprendre aux élèves que l'honnêteté récompense (immédiatement, ou même à terme) ceux qui ont cette qualité. Et que cette sincérité à l'égard des autres est quand même le meilleur moyen d'avoir des relations sociales confiantes et pacifiées. Inversement, il faut expliquer que le manque d'honnêteté se repère toujours (ou le plus souvent) et que cela fait du tort à celui qui se conduit de façon malhonnête. Que les enfants qui mentent toujours ou souvent sont connus pour cela et qu'il est difficile de leur faire confiance. Que la sincérité, au contraire, crée les conditions d'une vie en collectivité plus sereine, moins soumise au mensonge et crée une vraie fraternité : elle n'oppose pas, ne divise pas les élèves entre eux et, plus largement, les gens entre eux dans la société.

Inversement, il faut pouvoir faire comprendre que, parfois, la sincérité peut blesser et que la politesse peut imposer de ne pas faire de la peine à un camarade ou de ne pas révéler le secret confié par un autre.

Malhonnêteté : *commettre des actions ou dire des choses contraires à l'honnêteté.*
Dissimulation : *fait de cacher ses actes ou ses pensées aux autres, de façon hypocrite ou malhonnête.*

SÉANCE 3
Qu'est-ce que l'honnêteté ?

DÉROULEMENT DE LA SÉANCE

Connaissances
• *Découvrir les principes de l'honnêteté.*

Capacités
• *Comprendre les vertus de l'honnêteté.*
• *Lire un conte (seul ou collectivement, selon le niveau).*
• *Comprendre le sens et la morale d'un texte.*
• *Développer son imagination.*

Lexique
• *Connaitre l'expression* être honnête *: ne pas cacher les choses, avoir le courage de dire la vérité, de ne pas mentir, ni faire semblant.*
• *Connaitre le champ lexical de* l'honnêteté.

DURÉE : 55 minutes.

ÉTAPE 1 LECTURE ET RÉFLEXION AUTOUR DU CONTE

DURÉE 20 minutes.
ORGANISATION • CP : collective
• CE1/CE2 : individuelle puis collective
MATÉRIEL • Fiche document : La fleur de l'honnêteté

La fiche document est vidéoprojetée et/ou photocopiée. Les CE1 et CE2 peuvent lire le texte seuls. Les CP procèdent à une lecture orale collective. Une fois le texte lu, l'enseignant vérifie la compréhension du texte à l'aide de questions, par exemple :

> **Pourquoi le prince veut-il se marier ? Quel défi lance-t-il ? Quelle sera la femme qu'il choisira ? Combien de temps donne-t-il aux demoiselles pour faire pousser leur fleur ? Pourquoi le prince choisit-il la fille de la vieille servante ? Qu'a-t-elle fait que les autres n'ont pas fait ?**

Certaines précisions devront être données, comme la signification de *graines bouillies* ou *fleur de l'honnêteté*. L'essentiel est que les enfants comprennent bien la qualité de la jeune fille : elle est honnête.

Cette notion est alors expliquée et discutée :

> **Être honnête, qu'est-ce que cela signifie ?**

Les enfants vont essayer de l'expliquer à leur manière : « Cela signifie ne pas tricher, ne pas mentir, ne pas cacher ni faire semblant… » L'enseignant peut alors élargir la réflexion sur le thème de la malhonnêteté et l'intérêt d'être sincère :

> **Quel est le problème si l'on n'est pas honnête ?**
Ce nouvel échange doit amener les enfants à comprendre qu'être malhonnête engendre des relations fausses avec les autres, des problèmes de confiance, voire de conscience : en effet, lorsque nous mentons ou que nous trichons, notre esprit n'est jamais tout à fait tranquille. Être honnête, c'est être vrai, sincère, serein, courageux… autrement dit, c'est se comporter comme quelqu'un de bien.

ÉTAPE 2 REPRÉSENTATION DE « LA FLEUR DE L'HONNÊTETÉ »

DURÉE 20 minutes
ORGANISATION Individuelle
MATÉRIEL • Fiche activité 1 : Ma fleur de l'honnêteté

Après l'échange mené avec les enfants, l'enseignant annonce le travail demandé : « Vous allez maintenant imaginer vous-même à quoi pourrait ressembler la fleur de l'honnêteté. » Il distribue la fiche 1 pour les CP et la fiche 1 bis pour les CE1 et CE2.

CP

Des pétales contenant des mots sont proposés. Avant de réaliser l'activité, chaque pétale est lu, expliqué et si possible enrichi d'exemples, tels que : *être authentique*, c'est quand on est vrai, quand on ne fait pas semblant, qu'on ne cache pas les choses ; *être sincère*, c'est quand on n'essaie pas de tromper les autres, on dit ce qu'on ressent vraiment ; etc. Certains mots sont contraires : ils seront pointés comme tels lors de l'explication des mots.

CE1 ET CE2

L'enseignant demande aux enfants de proposer quelques exemples de mots possibles pour compléter les pétales :

> **Si c'est la fleur de l'honnêteté, quel genre de mots, à votre avis, pourrait-on trouver dans ses pétales ?**
Les enfants font des propositions qui sont au fur et à mesure validées ou non. Puis les enfants poursuivent le travail individuellement, à l'écrit.

REMARQUE

Pour rendre le travail plus simple et soigné, il est possible de coller la tige sur une autre feuille A4 puis les pétales autour. Dans ce cas, veiller à ce que la tige soit collée en bas pour laisser la place aux pétales en haut.

ÉTAPE 3 MISE EN COMMUN ET PARTAGE DES FLEURS RÉALISÉES

DURÉE 15 minutes
ORGANISATION Collective
MATÉRIEL • Fiche activité 1 complétée

L'enseignant récolte les fiches complétées (sans les avoir corrigées au préalable) et les affiche au tableau (ou dans un autre endroit de la classe), afin que les enfants puissent les observer, en discuter et les comparer. Ensemble, ils évaluent si elles sont une bonne représentation ou non de l'honnêteté avant de les valider. Si la fleur n'est pas représentative du principe d'honnêteté, l'enseignant peut décrocher le dessin et demander à l'enfant de changer certains pétales.

SÉANCE 4
Honnête ou malhonnête ?

DÉROULEMENT DE LA SÉANCE

Connaissance
Connaitre les principes de l'honnêteté.

Capacités
• *Savoir distinguer un comportement honnête d'un comportement malhonnête.*
• *Comprendre l'intérêt d'avoir une attitude honnête.*
• *Comprendre des situations illustrées.*
• *Être capable d'argumenter et de confronter ses jugements à ceux des autres dans une discussion.*

Lexique
Renforcer sa connaissance des mots de la même famille que honnête.

DURÉE : 55 minutes.

ÉTAPE 1 ANALYSE DE SITUATIONS

DURÉE 20 minutes
ORGANISATION Collective puis individuelle
MATÉRIEL • Fiche activité 2 : Honnête ou malhonnête ?

L'enseignant commence par rappeler les idées principales de la séance précédente et notamment les principes de l'honnêteté tels que : dire la vérité, ne pas tricher, être franc… Puis il annonce le travail à venir : « Vous allez voir des images. Il faudra les lire, les comprendre et faire la différence entre les situations d'honnêteté et les situations de malhonnêteté. » L'enseignant demande des exemples de comportement malhonnête à la classe. Puis il peut lui-même donner l'exemple suivant : « Dans la cour de récréation, des enfants jouent au ballon. Soudain, on entend une vitre se casser. On se rassemble, les maîtres de surveillance demandent qui a tiré dans la vitre. Personne ne se désigne, c'est-à-dire que personne ne veut reconnaitre la vérité. Et surtout, celui qui est responsable ne le dit pas. Voilà une situation où l'on peut dire que ce n'est pas honnête. »
Les fiches activités sont distribuées et les consignes sont lues collectivement.

ÉTAPE 2 MISE EN COMMUN ET ÉCHANGE D'IDÉES

DURÉE 20 minutes
ORGANISATION Collective
MATÉRIEL • Fiche activité 2 complétée

CP ET CE1

Chaque situation est décrite et commentée. Les enfants ne se contentent pas de classer les situations en deux catégories : honnête/malhonnête. Chaque choix est justifié, argumenté. L'enseignant veille en effet à faire prendre conscience des attitudes présentées dans les vignettes en demandant, par exemple :

> **Que pensez-vous de ce comportement ? Quel est le problème si l'on se comporte comme cela ?** *(Perte de confiance, punition de la classe, déception des amis, tromperie...)*

L'important est de montrer aux enfants ce qu'engendre une attitude malhonnête, mais également de mettre en avant le fait que l'honnêteté peut être gratifiante pour soi et sa tranquillité d'esprit. C'est le cas notamment dans la situation 2 : l'enfant reconnait sa responsabilité devant la classe, ce qui est à la fois honnête et courageux... L'enfant rentrera chez lui sans doute un peu contrarié par cet évènement (et peut-être par la punition qu'il a eue), mais il sera soulagé et serein. Il faut insister là-dessus, en expliquant simplement aux enfants que parfois il n'est pas facile d'être honnête mais que, si l'on y parvient, on se sent beaucoup mieux. L'enseignant précise enfin que l'on peut souvent être malhonnête sans que cela soit perçu par les autres, mais que c'est aussi pour soi-même que l'on ne doit pas cacher la vérité. Et que souvent, si on cache une chose, on est obligé d'en cacher d'autres, ce qui peut entrainer une spirale de mensonges, qui engendreront un malaise de plus en plus grand.

CP

Pour le dernier exercice, chaque proposition est lue et discutée. L'enseignant peut demander aux enfants de donner des exemples de situations concrètes. La seule proposition non entourée, la première, permet de renforcer l'idée soulignée plus haut de « bonne conscience ».

CE1

Chaque situation est analysée et les questions sont reprises une à une et discutées. L'enseignant s'attarde sur la situation 3, où l'enfant est malhonnête, voire hypocrite, et invite les élèves à réagir et à donner leur avis en argumentant. Pour la situation 1, la question appelle une réponse assez « attendue » qui mérite d'être discutée : « Vous dites qu'à sa place, vous auriez avoué que vous aviez déchiré le livre, c'est bien... Mais ne vous est-il jamais arrivé de faire comme lui ? Pourquoi n'est-ce pas facile d'avouer qu'on est responsable ? » L'intérêt ici est de montrer aux élèves que l'on peut avoir de bonnes intentions, vouloir être honnête, en comprendre le principe, mais ne pas pouvoir l'appliquer par peur d'être puni, d'avoir honte devant tout le monde, etc. L'enseignant peut rappeler alors tout le bénéfice d'être honnête, même si ce n'est pas simple ; cela rend aussi courageux.

CE2

L'intérêt ici est de comparer deux attitudes opposées : une attitude d'honnêteté et une attitude de malhonnêteté. Dans le premier cas, il faudra souligner le courage du garçon et le comparer à la lâcheté du garçon de la deuxième situation. Nommer également et comprendre ce que ressent chacun d'eux. Pour le premier cas : sans doute de la gêne et de la honte, mais préciser qu'il peut également, au final, avoir l'esprit tranquille d'avoir dit la vérité et cela peut donner un sentiment de fierté – la fierté d'avoir eu le courage de ses actes, d'assumer. C'est donc aussi un soulagement. Le préciser à la classe. Tandis que le second enfant a été lâche et ce qu'il risque surtout de ressentir après coup c'est un sentiment négatif de mauvaise conscience. Bien montrer qu'il est difficile parfois d'être honnête, mais que cela vaut mieux, pour soi, pour la relation de confiance avec les autres, pour ne pas se comporter lâchement... C'est l'objet de la question 4.

ÉTAPE 3 ÉLABORATION D'UNE TRACE ÉCRITE

DURÉE 15 minutes
ORGANISATION Collective

Collectivement et oralement, l'enseignant élabore la trace écrite avec les enfants en faisant résumer les points essentiels qu'il note au tableau. Par exemple :

> ***Il vaut toujours mieux avoir le courage de dire la vérité, de ne pas mentir, de ne pas faire semblant parce que c'est comme cela que les autres nous feront confiance et que l'on pourra se sentir soi-même en paix. On gagne toujours à être honnête.***

PHRASE IMPORTANTE

Pour clore la séquence, l'enseignant peut proposer ces citations qui résument l'ensemble de ce qui a été vu :
Les menteurs ne gagnent qu'une chose : c'est de ne pas être crus, même lorsqu'ils disent la vérité. (Ésope)
Un mensonge en entraine un autre. (Térence)

PROLONGEMENT

En séance de vocabulaire au CE1 et au CE2, l'enseignant pourra travailler sur la famille des mots : *honnêteté - courage - vérité.*

LA FLEUR DE L'HONNÊTETÉ

Il y a très longtemps, en Chine, un prince était sur le point d'être couronné empereur. Mais pour cela, il devait d'abord se marier.

Le prince décida d'organiser une épreuve entre les filles de la cour afin de trouver celle qui serait digne d'être son épouse. Il annonça qu'il inviterait, au palais, toutes les jeunes demoiselles intéressées et qu'il leur lancerait un défi. En entendant cela, la vieille servante du palais fut très triste car elle savait que sa propre fille nourrissait un profond sentiment d'amour pour le prince. Arrivée chez elle, elle raconta le projet du prince à sa chère enfant et fut surprise quand celle-ci lui dit qu'elle était bien décidée à se présenter au palais royal. « Ma pauvre petite, que vas-tu faire là-bas ? Il y aura toutes les plus belles filles de la cour ! Les plus riches aussi ! Sors-toi donc cette idée de la tête, c'est de la pure folie ! » Alors, la demoiselle répondit : « Chère mère, je ne suis pas folle. Je sais que jamais je ne serai choisie mais l'occasion de passer, au moins quelques instants auprès du prince, me rend heureuse. »

À la nuit tombée, elle arriva au palais. Toutes les autres étaient là, les plus élégantes demoiselles de la cour, dans leurs plus beaux habits.

Après la cérémonie de bienvenue, le prince annonça le défi : « À chacune de vous, je donnerai une graine. Celle qui, dans six mois, m'apportera la plus belle fleur, sera choisie pour être mon épouse et deviendra également future impératrice de Chine. »

Le temps passa et la douce jeune fille, peu habile dans l'art du jardinage, veillait avec beaucoup de patience et de tendresse sur sa graine. Elle espérait une fleur à la hauteur de son amour. Mais trois mois passèrent et rien ne vint. Elle essaya tout, employa toutes les méthodes qu'elle connaissait mais rien ne poussa.

Enfin, les six mois s'achevèrent et rien n'avait poussé. Et c'est avec une immense tristesse que la jeune fille décida, néanmoins, de se rendre au palais afin de profiter, une fois encore, de quelques instants en compagnie du prince. Elle arriva donc au palais, désolée, avec son pot de fleur vide. Les autres filles portaient fièrement leur fleur, de formes et de couleurs variées, toutes plus merveilleuses les unes que les autres. Le prince fit son apparition et observa chacune des filles, puis chacune des fleurs, avec la plus grande attention. Après les avoir toutes passées en revue, une à une, il s'approcha de la jeune fille au pot vide, la regarda droit dans les yeux et, souriant, annonça qu'elle était l'heureuse élue. Dans la salle, on entendit des : « Oh ! Elle ! Ce n'est pourtant pas possible ! Son pot est vide ! » Personne effectivement ne comprenait pourquoi celle qui n'avait rien cultivé était choisie comme épouse. Alors, tranquillement, le prince expliqua :

« Toutes les graines que je vous avais données étaient des graines bouillies qui ne pouvaient pas pousser. Aucune ne pouvait donner de fleur. La seule ici présente n'ayant pas triché en échangeant ma graine contre une autre est cette jeune demoiselle. La seule qui ait su cultiver la fleur de l'honnêteté. Voilà pourquoi elle est digne d'être mon épouse. »

D'après un conte chinois.

CP

[FICHE ACTIVITÉ 1]

L'honnêteté

MA FLEUR DE L'HONNÊTETÉ

Choisis, découpe puis colle les pétales qui correspondent à la fleur de l'honnêteté. Colorie ta fleur.

authentique

tricher

mensonge

malhonnête

faire semblant

vérité

mentir

sincère

beauté

franchise

courage

être vrai

[Comprendre le monde] Enseignement moral et civique Cycle 2 © Éditions Retz

MA FLEUR DE L'HONNÊTETÉ

Dans chaque pétale, écris un mot qui a un rapport avec l'honnêteté.
Découpe les pétales complétés et colle-les.
Puis colorie ta fleur.

HONNÊTE OU MALHONNÊTE ?

1 Observe chaque situation puis complète la phrase avec les mots *honnête* ou *malhonnête*.

(A) L'enfant est ....

(B) L'enfant est ....

(C) L'enfant est ....

2 Entoure ce qui est vrai.

Si on est malhonnête...

... on a l'esprit tranquille.

... on n'est pas un bon ami.

... les gens risquent de ne plus nous faire confiance.

... on peut faire punir tout le monde à cause de ce qu'on a fait.

HONNÊTE OU MALHONNÊTE ?

❶ Observe bien ces situations.

❷ Réponds aux questions.

Parmi toutes ces situations, quelle est l'attitude de l'enfant qui te convient le mieux ? Pourquoi ?

....

....

Que penses-tu de l'attitude de l'enfant dans la situation 1 ?

....

Qu'aurais-tu fait à sa place ?

....

CE2

[FICHE ACTIVITÉ 2]

L'honnêteté

HONNÊTE OU MALHONNÊTE ?

❶ Observe bien cette situation.

• Que peux-tu dire de ce garçon ?

....

• Que peut-il ressentir à ton avis ? (Propose différents sentiments.)

....

....

❷ Maintenant, observe cette situation.

• Que peux-tu dire de ce garçon ?

....

• Que peut-il ressentir à ton avis ? (Propose différents sentiments.)

....

....

❸ Être honnête, ce n'est pas toujours simple ! Écris les raisons pour lesquelles on a pourtant toujours intérêt à être honnête (pour soi-même et pour soi avec les autres).

Être honnête, pas facile ! Mais au moins, après ....

....

SÉANCE 5

Le respect

INFORMATIONS POUR L'ENSEIGNANT

Dans son étymologie latine, le respect (*respectus*) renvoie à l'idée d'égard et de considération. Le respect représente la clé de voute de l'éducation civique et morale. Il est à la base de tous les apprentissages. Et c'est aussi le seul sentiment vraiment moral. Le respect est un dépassement de soi, qui impose, comme une loi morale, de s'élever au-dessus de ses sentiments et de ses affects, mais aussi de tenir compte des autres, comme de soi ou de ses proches. Nous pouvons ne pas être amis avec tel ou telle, mais nous avons le devoir, pour vivre ensemble, de tenir compte des autres, d'avoir des égards et de la considération pour leur condition d'humain. Cet idéal social, qui est aussi celui de l'école, s'inscrit dans une réflexion éthique et démocratique qui trouve sa concrétisation dans la Déclaration universelle des droits de l'homme (*cf.* le texte de 1948).

Le respect et les égards que nous devons aux autres désignent une forme de **responsabilité** individuelle et collective. C'est une forme de sollicitude, un mouvement moral qui incite, par exemple, à ne pas mépriser l'autre, y compris lorsque nous sommes en conflit avec lui ; à ne pas manquer de respect envers des personnes que nous n'estimons pas nécessairement. Et même à tenter de trouver, par la raison, des moyens d'éviter l'affrontement. Et ce n'est pas toujours simple : ainsi, la question du respect doit être un combat de chaque jour, y compris contre nous-même. Mais le respect se pose sans condition. Là où une personne n'est plus respectée, c'est l'équilibre global du vivre ensemble qui est atteint, et ce n'est pas seulement la personne concernée qui en souffre, mais tous. En effet, être un simple témoin d'un manque de respect nous touche. Si la notion de respect revient à travers plusieurs thématiques de cet ouvrage (la croyance, la différence, la liberté, etc.), ici c'est dans le contexte scolaire qu'elle est spécifiquement envisagée afin de mieux la faire comprendre aux enfants, dans un contexte plus quotidien et concret pour eux.

CE QU'IL FAUT DIRE AUX ÉLÈVES

« Maîtresse, il s'est moqué de moi. » Les situations sont nombreuses en classe où le respect subit les affronts du quotidien, dans l'école ou en dehors. Il faut pouvoir dire et expliquer aux élèves que rien ne peut se faire en classe et en dehors sans respect. Que c'est la base de tout, et notamment des relations humaines.

On a le droit de ne pas aimer ou ne pas s'entendre avec certains, mais ce n'est pas une raison pour ne pas se respecter. Il y a une grande différence entre ne pas aimer quelqu'un et lui manquer de respect, et c'est sans condition ! Ne pas se moquer des autres, écouter ce que l'autre a à dire, tenir compte de ce qu'il a dessiné, ou fait partager à la classe : c'est le fondement de la bienveillance. La politesse fait partie d'une des premières marques du respect, de même que l'écoute.

Mépris : *fait de considérer quelqu'un comme indigne d'attention et de considération.*
Bienveillance : *sentiment poussant à la compréhension, voire à l'indulgence envers les autres.*
Considération : *avoir des égards, de l'estime envers les autres.*

SÉANCE 5
Qu'est-ce que le respect ?

DÉROULEMENT DE LA SÉANCE

Connaissances
- *Connaitre la notion de respect.*
- *Connaitre les attitudes et les paroles marquant le respect.*

Capacités
- *Comprendre le message induit dans un slogan.*
- *Comprendre l'intérêt de développer des relations respectueuses.*
- *Distinguer les attitudes de respect des attitudes de non-respect. (CP)*
- *Définir « l'école du respect » à partir d'un texte à trous. (CE1/CE2)*
- *S'approprier un des fondamentaux de l'instruction morale pour mieux s'impliquer dans la vie collective de l'école.*

Lexique
- *Rappeler le mot* slogan.
- *Connaitre le mot* respect *et des mots de la famille :* respecter, respectueux.
- *Comprendre les mots* se provoquer, s'insulter *et l'expression* bien vivre ensemble.

DURÉE : 50-55 minutes.

ÉTAPE 1 LECTURE ET ÉCHANGE AUTOUR DU SLOGAN

DURÉE 15 minutes
MATÉRIEL • Fiche document : Le respect à l'école

Le slogan est photocopié et/ou projeté. L'enseignant précise que ce slogan a été proposé en 2001 par le ministre des écoles (de l'Éducation nationale) qui voulait mettre en avant l'idée de respect à l'école. Le slogan est lu oralement puis l'enseignant demande aux élèves ce que signifie, selon eux, le respect. Il laisse les enfants faire des propositions et donne des exemples pour les aider, au besoin : « Le respect, c'est quand on fait attention aux autres ou qu'on leur parle correctement… C'est un ensemble de paroles et d'attitudes qui font que les relations entre les uns et les autres se passent bien. » Puis l'enseignant invite les élèves à proposer des exemples d'attitudes ou de paroles respectueuses. Par exemple : le fait de se saluer, se dire bonjour, se parler correctement (sans gros mots, sans agressivité), ne pas se moquer des uns et des autres, ne pas se bagarrer… Pour résumer, tout ce qui aide à bien vivre, agréablement, avec les uns et les autres. L'enseignant peut alors demander :

> **Pourquoi est-il écrit *Le respect, ça change l'école ?* Qu'est-ce que cela signifie ?**

Là encore, les enfants sont amenés à émettre des hypothèses, puis l'enseignant propose une conclusion avec la classe : « Cela signifie que si l'on imagine une école sans respect, on sait que

c'est une école où cela se passera mal. Les enfants peuvent se bagarrer, s'insulter, se moquer, s'ignorer… Tandis que si l'on impose le respect à l'école, l'école va être différente. » L'objectif est de faire percevoir en quoi les attitudes de respect peuvent changer les rapports humains et, de fait, la vie d'une école. Il s'agit de mesurer combien le respect rend le quotidien plus agréable, meilleur, parce qu'on ne se sent pas blessé ou ignoré, parce que l'on est en sécurité, parce que cela permet une véritable sérénité et que cela procure plus de plaisir à être ensemble.
Enfin, l'enseignant revient sur le lancement de ce slogan et demande :

> **À votre avis, pourquoi le ministre de l'époque a-t-il voulu parler de ce thème et faire circuler ce message ?**

L'enseignant laisse les enfants émettre des idées, puis il conclut au besoin en expliquant que le ministre, en constatant que de nombreuses écoles fonctionnaient mal à cause d'un manque de respect, a voulu faire réfléchir les élèves sur cette thématique, afin de les amener à développer davantage de respect… et cela pour une école meilleure. Il précise en outre que cette question reste toujours d'actualité, que le respect est tellement important qu'il faut toujours veiller à ce qu'il existe.

ÉTAPE 2 — DÉVELOPPEMENT DE LA NOTION DE RESPECT

DURÉE 15-20 minutes
MATÉRIEL • Fiche activité : Les marques de respect (CP)
L'école du respect (CE1 et CE2)

CP

La consigne et les étiquettes proposées sont lues collectivement. L'enseignant peut expliquer, au besoin, les mots tels que *se provoquer* (faire exprès d'énerver quelqu'un) et *s'insulter* (se dire des gros mots). Puis les enfants commencent le travail.

CE1 ET CE2

Les consignes sont lues collectivement. L'enseignant précise qu'il s'agit d'un texte à compléter en faveur de l'école du respect. Puis il rappelle que les phrases complétées doivent avoir du sens et être correctes (syntaxiquement). Enfin, il rappelle aux enfants que la phrase *en gras* est celle écrite avec une écriture plus grosse. Il la fait repérer avant de commencer.

ÉTAPE 3 — MISE EN COMMUN ET ÉLABORATION D'UNE TRACE ÉCRITE

DURÉE 20 minutes
MATÉRIEL • Fiche activité complétée
• Document : « Le respect de toutes les manières »

CP

L'enseignant commence par demander ce que les enfants ont placé dans la colonne du « non-respect ». Pour chaque étiquette proposée, il demande en quoi ce n'est pas une attitude respectueuse. Il insiste également à chaque fois sur les conséquences de ces comportements sur les relations qu'entretiennent les uns et les autres. Par exemple, il demande en quoi *la moquerie* est un manque de respect et le problème que cela peut engendrer : c'est blessant, ça donne envie de pleurer, ça isole, etc. L'objectif est d'amener les enfants à prendre conscience, pour toutes les situations, des conséquences de ce genre d'attitudes : souffrance, pleurs, malaise, relations désagréables, solitude, etc.

L'enseignant passe ensuite à la première colonne en commentant chaque étiquette choisie. Par exemple, il demande en quoi le fait de *se dire bonjour* est respectueux, ce que cela apporte : ça fait plaisir, ça facilite les relations entre les personnes, etc. Là encore, il s'agit de faire comprendre, pour chaque situation, ce que développent les relations de respect : bonne entente, plaisir, sécurité, relations agréables, tranquillité de tous, etc. Ainsi, quand on croise le matin une personne que l'on connait, si elle ne nous dit pas bonjour, on a l'impression qu'elle nous ignore, qu'elle ne nous considère pas, ce qui peut être blessant... Tandis qu'un *bonjour* met de bonne humeur et marque le début d'une considération.

Le second exercice permet de mettre en évidence les éléments relevés dans la colonne 1 du tableau. Les élèves peuvent écrire les mêmes expressions ou en trouver d'autres, par exemple : parler poliment, dire *vous* aux adultes, accepter que d'autres soient différents, etc.

CE1 ET CE2

Le texte est repris collectivement phrase après phrase, de façon à discuter et à valider les propositions une à une. Il s'agit de vérifier à chaque fois la cohérence des mots choisis et le sens global de la phrase en lien avec la notion de respect. Si tel n'est pas le cas, l'enseignant demande au groupe pourquoi le choix n'est pas bon et quelles autres propositions peuvent être faites. Par exemple, si un enfant propose *Une école où il n'y aurait pas de* ***bagarre*** *pendant les récréations, où l'on se* ***moquerait*** *au lieu de se battre,* l'enseignant fait pointer par la classe l'incohérence de la phrase puis il explique que se moquer, pas plus que se battre, n'est une attitude de respect.

Ensuite, il demande aux enfants de décrire leur dessin afin d'évoquer les éléments choisis pour représenter l'école du respect. Ces éléments sont discutés collectivement.

Pour conclure, il regroupe les enfants et affiche le document « Le respect de toutes les manières ». Les légendes sont lues et les images décrites. Le document imprimé sera par la suite affiché en classe et pourra servir de point de rappel dans les diverses situations de la vie quotidienne de classe où un manque de respect se manifeste.

Enfin, les enfants élaborent une trace écrite en reprenant collectivement les points essentiels de la séance :

> ***Le respect, c'est quand on fait attention aux autres : on se parle poliment, on s'écoute, on ne se moque pas... Le respect, c'est toutes les paroles et les attitudes qui aident à bien vivre ensemble.***

PHRASE IMPORTANTE

Pour clore la séquence, l'enseignant peut proposer cette citation qui résume l'ensemble de ce qui a été vu :

Garde-toi, tant que tu vivras, de juger les gens sur la mine. (Jean de La Fontaine, *Le Cocher, le chat et le souriceau*)

LE RESPECT À L'ÉCOLE

LE RESPECT
ÇA CHANGE L'ÉCOLE

LE RESPECT
ÇA CHANGE L'ÉCOLE

LE RESPECT
ÇA CHANGE L'ÉCOLE

LE RESPECT
ÇA CHANGE L'ÉCOLE

LE RESPECT
ÇA CHANGE L'ÉCOLE

LE RESPECT
ÇA CHANGE L'ÉCOLE

LE RESPECT
ÇA CHANGE L'ÉCOLE

LE RESPECT
ÇA CHANGE L'ÉCOLE

LE RESPECT
ÇA CHANGE L'ÉCOLE

LE RESPECT
ÇA CHANGE L'ÉCOLE

LES MARQUES DE RESPECT

1 Découpe les étiquettes du bas de la page et colle-les dans la bonne colonne.

RESPECT	~~RESPECT~~

2 Complète ces phrases. Tu peux t'aider des étiquettes que tu as collées dans la colonne « Respect » ou trouver d'autres idées.

.... , ça change l'école.

.... , ça change l'école.

.... , ça change l'école.

.... , ça change l'école.

se provoquer	s'insulter	se moquer
se battre	faire attention aux autres	se dire bonjour
se bousculer	écouter les autres	ne pas se moquer

L'ÉCOLE DU RESPECT

❶ Complète ce texte pour définir « l'école du respect », à l'aide des mots proposés. À toi d'imaginer la suite de la phrase en gras.

respect – attention – bonjour – bagarre – parlerait – moquerait – respecterait

Je rêve d'une école où le matin, en arrivant, les enfants se diraient ....

Une école où il n'y aurait pas de .... pendant

les récréations, où l'on se .... au lieu de se battre.

Je rêve d'une école où l'on ne se .... pas

les uns des autres, et où l'on se .... tous,

avec nos différences. Une école où l'on ferait .... aux autres.

Je rêve d'une école ....

Oui, c'est vrai, le ...., ça change l'école.

❷ Dessine l'école du respect.

L'ÉCOLE DU RESPECT

❶ Complète ce texte pour définir l'école du respect avec des mots de ton choix. À toi d'imaginer la suite de la phrase en gras.

Je rêve d'une école où le matin, en arrivant, les enfants se diraient ....

.... Une école où il n'y aurait pas de ....

pendant les récréations, où l'on se .... au lieu de

se battre. Je rêve d'une école où l'on ne se .... pas

les uns des autres, et où l'on se .... tous,

avec nos différences. Une école où l'on ferait .... aux autres.

Je rêve d'une école ....

Oui, c'est vrai, le ...., ça change l'école.

❷ Dessine l'école du respect.

SÉANCES 6 ET 7

L'entraide et la générosité

INFORMATIONS POUR L'ENSEIGNANT

« Que m'importe ce qui n'importe qu'à moi ! » disait André Malraux. La **solidarité** fait des hommes des êtres sociaux, capables de **vivre ensemble.** Car personne ne peut satisfaire seul ses besoins. Chacun a besoin des autres. Et c'est le premier sens de la solidarité, comme on parle d'un élément solidaire des autres dans un mécanisme. C'est d'abord, on l'oublie trop souvent, une nécessité de vie collective, d'une interdépendance entre les personnes. Voilà ce qu'exprime la phrase de l'écrivain André Malraux.

Dans un sens plus positif, la solidarité est l'action de personnes qui désirent s'entraider ou qui cherchent à développer ou à encourager une société meilleure, plus solidaire, moins égoïste. Ce peut être aussi la camaraderie et le fait de s'aider au quotidien dans la vie de la classe ou au-dehors. C'est le sens des associations caritatives ou de développement en France, dans le monde. Le fait de se sentir lié aux autres par un sentiment de solidarité peut également recouvrir plusieurs termes : la générosité, l'entraide.

La **générosité** renvoie au fait d'être désintéressé, contrairement à la solidarité qui suppose que nous sommes intéressés, dans le cadre d'un destin commun, par le sort de chacun. Ici, avec la générosité, proche en cela des notions de partage ou encore de charité (que reprenaient souvent les livres de morale de la IIIe République), c'est vouloir aider, d'une certaine manière pour réparer une injustice (physique, humaine, sociale, économique, etc.). C'est également prendre en compte l'autre, dans un profond respect, dans un souci de sa dignité ; ou encore avoir de la considération en se mettant à sa place, dans une parfaite compréhension de ce qu'il peut vivre. J'accepte de me déposséder pour un autre que je juge moins doté que moi, qui est dans le souci, dans la peine ou dans le besoin. En ce sens, il s'agit d'un sentiment qui n'est pas nécessairement lié au don de quelque chose de matériel. Être généreux, c'est aussi donner de soi-même, une disposition qui suppose l'écoute, le conseil, la sympathie (qui signifie « souffrir avec », étymologiquement). Je suis généreux si je prends de mon temps pour être en sympathie avec une personne qui m'explique ce qui le soucie ou le contrarie.

L'**entraide** participe de ce sentiment général de la solidarité. L'entraide comprend aussi l'esprit d'équipe et la coopération des uns et des autres. En s'entraidant, on n'est pas seulement solidaires et généreux, on s'assure aussi un résultat commun positif, comme on le retrouve dans la fraternité et la camaraderie.

CE QU'IL FAUT TRAVAILLER AVEC LES ÉLÈVES

La solidarité peut s'expliquer d'abord comme une nécessité de vivre ensemble. Nous avons besoin des autres pour les vêtements que nous portons, les aliments que nous mangeons, ou encore tout ce que nous ne pouvons pas faire nous-mêmes. En ce premier sens, nul besoin d'aimer les autres pour s'entraider. L'idée que « l'union fait la force » peut aussi être utilisée

pour montrer aux élèves l'importance de s'entraider sur un projet, plutôt que d'être seul et de peiner à le réaliser.

Mais le plus important est sans doute d'insister sur la valeur de l'action d'aider les autres, y compris dans sa dimension désintéressée. Ce n'est pas parce que nous n'y avons aucun intérêt qu'il faut ne pas penser aux autres et ne pas se soucier du sort de ses camarades ou de l'humanité. Les enfants sont très sensibles à des notions telles que la faim dans le monde ou la lutte contre la pauvreté.

Générosité : *le fait de savoir donner et partager.*
Entraide : *le fait de s'aider les uns les autres, ne pas penser qu'à soi.*

SÉANCE 6
Qu'est-ce que l'entraide ?

DÉROULEMENT DE LA SÉANCE

Connaissances
- *Comprendre les notions d'entraide et de générosité.*
- *Connaitre les valeurs relatives à l'entraide.*

Capacités
- *Découvrir des situations d'entraide.*
- *Comprendre l'intérêt de s'entraider.*
- *Être capable d'empathie, savoir se mettre à la place des autres.*
- *Être capable de partager.*

Lexique
Retenir le mot entraide *et ses synonymes :* générosité, partage, solidarité.

DURÉE : 55 minutes.

ÉTAPE 1 — LECTURE D'IMAGES ET RÉFLEXION AUTOUR D'UNE SITUATION D'ENTRAIDE

DURÉE 10-15 minutes
ORGANISATION Collective
MATÉRIEL • Fiche document A : Le gouter

Les images sont projetées et/ou photocopiées. Après une lecture individuelle, les images sont lues collectivement. L'enseignant demande alors quelle situation est présentée ici (un gouter), quel est le problème évoqué sur la deuxième image (un enfant sans gouter) et enfin quelles attitudes ont les enfants par rapport à ce problème (entraide, partage, générosité). L'enseignant fait remarquer que le partage est entier, dans la mesure où chacun, sur la dernière image, a droit à la même part. Les enfants ne se sont pas contentés de donner une portion congrue à celui qui n'avait rien. L'enseignant demande alors :

> **Comment s'appelle ce type de comportement ? Quand on ne pense pas qu'à soi ?**

Les enfants font des propositions puis l'enseignant écrit les mots suivants au tableau : *générosité, partage, solidarité*… Il fait préciser ensuite comment se nomme le fait de s'aider les uns les autres et écrit *entraide*. Il explique alors que l'entraide est le fait de s'aider les uns les autres, de partager.

Une fois la notion posée, il peut demander aux enfants d'évoquer des situations semblables, en rapport avec l'entraide, dont ils se souviennent.

ÉTAPE 2 ANALYSE DE SITUATIONS DE SOLIDARITÉ

DURÉE 20 minutes
ORGANISATION Individuelle
MATÉRIEL • Fiche document A : Le gouter
• Fiche activité : L'entraide

CP

La consigne est lue collectivement. Chaque image est lue et expliquée une à une. L'enseignant fait remarquer à chaque fois comment se déroule la scène :

• Image 1 : chacun fait une tour dans son coin.
• Image 2 : les garçons et les filles sont chacun de leur côté.
• Image 3 : tout le monde se rassemble pour faire la même tour tous ensemble.
• Image 4 : un petit groupe d'enfants fait une tour ; ils se disputent parce qu'ils ont du mal à partager les Kapla®.

Puis les enfants se mettent au travail.

CE1

Les trois vignettes sont décrites et expliquées. Puis l'enseignant invite les élèves à imaginer et à dessiner la suite.

> **Comment va se terminer cette situation ?**

Il fait rappeler les images qui viennent d'être vues, où les enfants pouvaient s'aider les uns les autres, partager pour finalement se mettre tous ensemble. Il ajoute : « Vous allez devoir compléter les phrases sous les images 3 et 4 et dessiner la dernière situation. Pour cela, vous pouvez vous servir des dessins d'Agnès Rosenstiehl et vous inspirer des phrases écrites sous ses dessins. » L'enseignant les fait relire collectivement.

Enfin, avant la réalisation de l'exercice 2, l'enseignant s'assure que les phrases sont bien comprises.

CE2

L'enseignant précise que le premier exercice reprend l'idée des images d'Agnès Rosenstiehl et que les enfants peuvent s'aider de la fiche document pour écrire leurs phrases. Les consignes sont lues collectivement.

Pour le deuxième exercice, l'enseignant explique que les deux dessins représentent des scènes différentes. La définition de la solidarité est rappelée à l'oral.

ÉTAPE 3 MISE EN COMMUN ET ÉLABORATION D'UNE TRACE ÉCRITE

DURÉE 20 minutes
ORGANISATION Collective

CP

Il est important de relever, pour chacune des images non coloriées, quel est le problème : chacun pour soi, filles et garçons qui ne se mélangent pas, enfants qui ne partagent pas les Kapla®... L'image 3 est donc celle qui illustre le mieux la fraternité dans la mesure où tous les enfants se mettent ensemble, collaborent pour une construction commune. L'enseignant fait réfléchir les enfants aux avantages de procéder ainsi, puis conclut : « Si on se rassemble tous pour réaliser et participer à une tâche, un travail ou une construction, cela donne généralement des choses plus grandes, plus fortes... C'est ce qu'on appelle la solidarité, l'entraide. »
Les enfants font ensuite des propositions pour la réponse à la question posée en 2, ce qui devrait permettre de redire que, si l'on se réunit, on réussit mieux ensemble.

CE1

Pour le premier exercice, l'enseignant demande collectivement quelle image les enfants ont proposé de dessiner. Autrement dit, comment se termine la situation. Puis il demande aux enfants de proposer la phrase complétée du troisième dessin et la fait discuter collectivement, en demandant si elle correspond bien à l'image. Le déroulement est le même pour la phrase complétée de la dernière image. L'enseignant corrige individuellement l'orthographe et la syntaxe.
Ensuite, chaque proposition de l'exercice 2 est lue collectivement, expliquée, interprétée et débattue. Pour la deuxième proposition, on peut accepter qu'elle soit entourée ou non dans la mesure où, effectivement, *on n'est pas obligé* ; mais l'enseignant amène à réfléchir sur le fait que même si *on n'est pas obligé*, le partage est très important parce qu'il permet de développer de bonnes relations, en plus de faire de nous de bonnes personnes. Sans partage, chacun agirait pour soi et le monde serait bien triste. L'enseignant peut ici demander de donner des exemples de ce que serait un monde sans partage : « J'ai oublié ma trousse à la maison, personne ne veut me prêter un stylo pour écrire ; Je n'ai pas compris l'exercice, tant pis pour moi, je vais essayer de me débrouiller seul ; etc. » Ainsi, les enfants comprennent que l'on vit beaucoup mieux ensemble en partageant. De même, la quatrième proposition *Dans la vie, il faut se débrouiller tout seul,* permet de mettre en évidence le fait que savoir se débrouiller seul est important et qu'il faut apprendre à compter sur soi-même, mais que du soutien, de l'aide sont toujours les bienvenus. Et on ne peut pas toujours faire les choses seul.

CE2

L'enseignant reprend les phrases de l'exercice 1 une à une et fait vérifier, collectivement, la pertinence des phrases complétées. Par exemple, un enfant propose : *Maintenant, c'est l'heure de la patinoire. Mais lui, il n'arrive pas à mettre ses patins. Y a qu'à lui mettre.* L'enseignant demande si la phrase est correcte, compréhensible et la fait reformuler pour la clarifier. Une tournure plus adaptée et explicite pourrait être : *Y a qu'à l'aider à les enfiler.* L'essentiel est de vérifier, pour chaque situation, que les enfants perçoivent l'intérêt de l'entraide et le formule correctement.
Ensuite, le deuxième exercice est corrigé. L'enseignant demande de désigner la scène d'entraide et de décrire les éléments qui en témoignent. Puis les enfants nomment les deux scènes (par exemple, *Chacun pour soi et tout le monde s'entraide.*) et chaque proposition est discutée et/ou validée.
Enfin, la dernière question permet à nouveau de mettre en avant les bienfaits de la solidarité en faisant expliquer aux enfants pourquoi ils préfèrent (sans doute) un monde où l'on partage plutôt qu'un monde où chacun agit pour soi. Pour cela, l'enseignant demande : « Pourquoi n'avez-vous pas (ou presque pas) choisi la première scène ? Quel serait le problème si nous vivions comme cela ? » Il s'agit de faire conclure que vivre dans un monde où l'on ne partage pas, on ne s'aide pas, on ne pense qu'à soi serait vraiment triste...
Une trace écrite est élaborée avec toute la classe, par exemple :

Quand on vit ou qu'on travaille tous ensemble, c'est important de partager et de s'aider.

SÉANCE 7
Comment participer à la protection de l'environnement ?

DÉROULEMENT DE LA SÉANCE

Connaissances
- *Connaitre la durée de dégradation de certains déchets.*
- *Adopter une attitude responsable dans l'école.*

Capacités
- *Prendre conscience des conséquences générées par ses gestes en matière d'environnement.*
- *Se sentir concerné par l'état de la planète.*
- *Chercher des idées, argumenter.*
- *Convaincre ses pairs en réalisant une affiche efficace.*

Lexique
Connaitre les expressions durée de dégradation *(CE1/CE2) et* environnement.

DURÉE : Environ 1 heure.

ÉTAPE 1 ÉCHANGE AUTOUR DES IMAGES

DURÉE 15 minutes
ORGANISATION Collective
MATÉRIEL • Fiche document B : Poubelle !

CP

L'enseignant peut décrire globalement chaque image l'une après l'autre.

CE1 ET CE2

Les élèves observent silencieusement les trois images avant de donner un premier avis, collectivement. L'enseignant demande alors de quoi parlent ces planches :

> **Que nous montrent-elles ? Que veulent-elles nous dire ?**

Chaque image est alors détaillée de façon plus précise afin que tous comprennent bien le message délivré.
- **Planche 1 :** on voit des détritus, des papiers d'emballage (qui ressemblent curieusement à des gouters) joncher le sol. Il s'agit surtout d'emballages alimentaires.
- **Planche 2 :** c'est une série de chewing-gums collés par terre, généralement sur le bitume.
- **Planche 3 :** la planète Terre y est représentée, elle est salie par toutes sortes de déchets (ceux que l'on a vus précédemment et d'autres).

L'enseignant sensibilise alors les enfants sur la durée de vie des déchets et leur capacité plus ou moins rapide à se dégrader (il veille à ce que mot soit bien compris). Ainsi, il peut préciser

qu'un papier d'emballage (type bonbons) a une durée de dégradation de 5 ans dans la nature et de 200 ans environ pour un emballage en aluminium ! De même, un chewing-gum collé par terre met 5 ans à se dégrader.
L'enseignant fait porter l'attention des élèves sur la dernière image :

> **Pourquoi, sur la troisième image, la Terre est-elle toute sale ? Que s'est-il passé ?**

S'ensuit un échange où doit émerger l'idée que ces images veulent nous alerter, nous mobiliser sur le fait que les hommes, bien souvent, ne respectent pas l'environnement, ce qui pollue notre planète. Les élèves sont invités à donner d'autres exemples que ceux proposés dans les images. Puis l'enseignant fait réfléchir aux conséquences :

> **Quel est le problème de toutes ces situations ?**

Il laisse le groupe-classe donner des exemples, comme le cas des animaux marins qui s'étouffent avec les sacs plastiques égarés en mer, avant d'amener à prendre conscience que cela fait disparaitre certains êtres vivants (animaux ou plantes) et que la Terre se porte mal.
L'enseignant termine l'échange en amenant les enfants à réfléchir sur la responsabilité collective en matière d'environnement.

> **On dit que *les hommes* ne respectent pas la planète... mais qui sont *ces hommes* ?**

Les élèves font des propositions puis l'enseignant conclut : « *Ces hommes,* c'est nous. C'est moi, c'est toi, vous, nos parents... Tout le monde est responsable, pas seulement *les autres.* Autrement dit, si l'on veut respecter la planète, il faut commencer par le faire soi-même, voire s'y mettre tous ensemble. » La classe réfléchit aux gestes que chacun peut adopter, à son échelle : par exemple, jeter systématiquement ses papiers, chewing-gums ou autres à la poubelle ; éviter d'arracher les branches, les fleurs ; arrêter de laisser couler l'eau inutilement quand on ne s'en sert pas ; utiliser des sacs cabas quand on va faire une course au lieu de consommer des sacs plastiques... Tous ces exemples sont proposés collectivement ou par l'enseignant, si nécessaire.

ÉTAPE 2 — ÉLABORATION D'AFFICHES POUR SENSIBILISER À L'ENVIRONNEMENT

DURÉE 30 minutes
ORGANISATION En binômes
MATÉRIEL
- Feuilles de Canson (format raisin)
- Détritus collectés dans la cour
- Colle liquide et pinceaux à colle
- Marqueurs

Cette activité peut être réalisée en séance d'arts plastiques, en lien avec la citoyenneté.
Au préalable, les enfants auront collecté des déchets dans la cour (au moment du gouter, généralement les papiers s'accumulent par terre) : essentiellement des emballages alimentaires tels que boites de biscuits, briques de compote ou de jus, sachets de chips, etc.
Au début de ce deuxième temps, les déchets sont répartis par binômes.
La consigne est donnée : « Vous allez réaliser une affiche pour permettre aux autres enfants de l'école de réfléchir à leur comportement et les amener à avoir une cour propre. L'affiche devra comporter des collages et un slogan (ou une phrase, un mot d'accroche). » L'enseignant explique au besoin le mot slogan et précise qu'il ne faut pas coller les papiers sur l'ensemble de la feuille afin de laisser une place pour la phrase (en bas, par exemple). Il peut donner des exemples de slogans : « *La Terre n'est pas une poubelle – Stop ! – Soyez responsables* (CE2) – ...»

CP ET CE1

L'enseignant apporte une aide éventuelle à la rédaction de la phrase.

ÉTAPE 3 MISE EN COMMUN ET ÉLABORATION D'UNE TRACE ÉCRITE

ORGANISATION Collective
DURÉE 20 minutes
MATÉRIEL • Punaises
• Affiches réalisées précédemment

Une fois les affiches terminées, elles sont d'abord présentées et discutées en classe.
Outre l'aspect visuel et esthétique, c'est le message délivré qui est commenté : « Que pensez-vous de ce slogan ? Est-il assez clair ? Est-il efficace ? »
Puis une trace écrite est élaborée avec toute la classe, par exemple :

Pour que la Terre tout entière reste belle et bien équilibrée, il faut en prendre soin. On peut tous commencer par de petits gestes simples (par exemple, utiliser les poubelles).

Enfin, les productions sont réparties et affichées dans toute l'école (couloirs, hall, entrée…) afin qu'elles puissent être vues et lues par tous.

PROLONGEMENT

• L'enseignant peut faire lire l'histoire de *Frédéric* de Léo Lionni (éd. L'école des Loisirs) qui montre, dans une collectivité, le rôle de chacun et la manière dont chacun peut contribuer à apporter une part pour le groupe.
• L'enseignant peut lire ou faire lire le poème de Jean Tardieu : « Comment ça va sur la Terre ? » (in *Monsieur Monsieur*).

PROLONGEMENT REGARDER UNE VIDÉO SUR LA PROTECTION DE L'ENVIRONNEMENT

Cette vidéo permet d'aborder la question de l'environnement avec l'exemple des sacs plastiques. À travers un cas concret de la vie quotidienne, les enfants pourront comprendre le décret du 1er janvier 2016 interdisant l'usage des « petits sacs ».

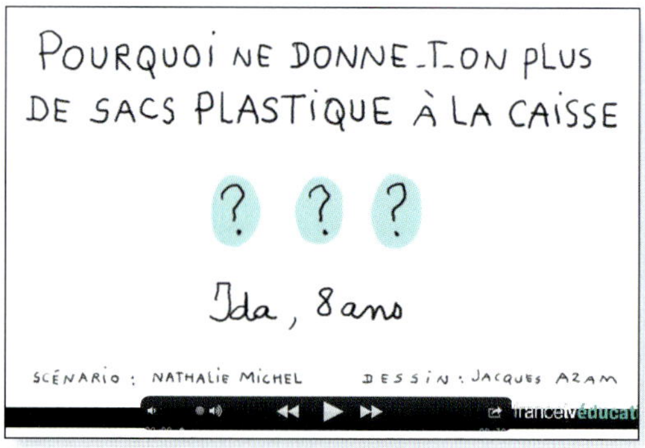

© France télévisions – Milan presse.

À la fin de la vidéo, interroger : « Pourquoi le gouvernement (les gens qui travaillent avec le président) a-t-il pris cette décision ? » Expliquer ce qu'est le ministère de l'Écologie : les gens qui travaillent pour le gouvernement et qui s'occupent de l'environnement. Ils créent des lois pour lutter contre la pollution.
Il sera intéressant de voir que le plastique met entre 100 et 400 ans avant de se dégrader (expliquer avec le terme « disparaitre » pour les enfants), et que l'océan notamment en est rempli. Conséquence : les poissons et les oiseaux en mangent (ou s'asphyxient avec), et cela se retrouve dans nos assiettes !

CP-CE1-CE2

[FICHE DOCUMENT A]

L'entraide et la générosité

LE GOUTER

Fraternité, Agnès Rosenstiehl, Éditions du Seuil Jeunesse, 1999.

L'ENTRAIDE

**❶ La maîtresse a demandé de réaliser une tour avec les Kapla® de la classe.
Entoure la seule image qui correspond à une scène d'entraide.**

1

2

3

4

❷ À ton avis, quelle sera la tour la plus réussie ? Pourquoi ?

La tour la plus réussie sera .... parce que ....

....

....

L'ENTRAIDE

1 Comme Agnès Rosenstiehl, imagine et dessine comment les enfants pourraient sortir de cette situation. Puis complète les phrases.

1 *C'est l'heure de la récré…*

2 *Mais elle, elle est toute seule…*

3 *Y à qu'à* ……………………………………

4 *Tout le monde* ……………………………

2 Entoure les phrases qui te paraissent justes.

Quand on s'aide les uns les autres, la vie est meilleure.

On n'est pas obligé de partager avec les autres.

Si quelqu'un a un problème, je peux essayer de faire quelque chose pour lui.

Dans la vie, il faut se débrouiller tout seul.

Ensemble, on est plus fort.

L'ENTRAIDE

❶ Comme Agnès Rosenstiehl, imagine ce que toi et tes camarades pourriez faire pour résoudre ces situations.

• Maintenant, c'est l'heure de la patinoire. Mais lui, il n'arrive pas à mettre ses patins.
Y a qu'à ....

• Maintenant, c'est l'heure du coloriage. Mais lui, il a oublié sa trousse.
Y a qu'à ....

• Maintenant, c'est l'heure de la récré. Mais elle, elle est toute seule.
Y a qu'à ....

• Maintenant, c'est l'heure de l'étude. Mais elle, elle ne comprend pas les devoirs à faire.
Y a qu'à ....

**❷ Parmi ces deux dessins, colorie la scène de solidarité.
Donne un nom à chacune de ces scènes.**

....

❸ Quelle scène préfères-tu ? Pourquoi ?

....

....

[FICHE DOCUMENT B]

L'entraide et la générosité

POUBELLE !

1

2

3

SÉANCES 8 À 10

La différence

INFORMATIONS POUR L'ENSEIGNANT

Parmi les termes utilisés le plus couramment, souvent dans un sens très positif, celui de « différence » s'est installé depuis plusieurs années comme une évidence. Avec la notion de « respecter les différences », du « droit à la différence », on pense souvent avoir tout dit de sa pédagogie en éducation civique. D'abord, la question est de savoir de quelle différence il s'agit. De quoi parle-t-on quand on parle de différence ? De couleur de peau, d'origine ? Si, selon les scientifiques, il n'existe qu'une seule espèce humaine, deux sexes, l'unicité de chacun est une donnée biologique fondamentale. Même entre ceux que l'on pourrait, hâtivement, mettre dans le même groupe humain : les noirs, les blancs... Il y a plus de différences biologiques entre un homme blanc et sa propre sœur qu'entre celui-ci et un homme noir. La science est formelle là-dessus.

Ensuite, il est important de savoir que le respect de la différence déclamé comme un principe fondamental n'a pas grand sens. Certes, il faut respecter les autres dans leurs différences. Mais il suffit de prendre sa classe et d'observer que la taille des élèves n'est la même pour personne ; leurs mains, leurs pieds, leur couleur de cheveux varient de manière infinie. Les différences sont partout. Et qu'enfin, à force de repérer les différences, on ne s'interroge plus sur ce que nous avons tous en commun, en partage d'humanité. Et c'est une des questions centrales qu'il faut avoir en tête : nous appartenons tous à une même espèce humaine, nous partageons en commun la même planète et notre avenir est lié. Une commune espèce liée par un destin commun, voilà la grande affaire de l'humanité.

La notion de « différence » est très relative. Différence oui, mais par rapport à quoi ? Par rapport à la norme ? Par rapport au groupe dominant ? Si nous sommes tous différents, juger, se moquer ou rejeter l'autre est tout simplement intolérable.

CE QU'IL FAUT TRAVAILLER AVEC LES ÉLÈVES

Pour éviter l'effet « catéchisme » de la leçon, il est très important d'expliquer aux enfants ce que signifie cette notion de différence. Et aussi comment s'exprime la peur de l'autre qui peut engendrer son rejet. Il faut amener les élèves à considérer que respecter les différences est de l'ordre de l'évidence, de l'indiscutable (ce qui ne se discute même pas). L'école de la République est bien entendu respectueuse des « différences ». Ce qu'il faut travailler, c'est le respect et l'absence de moquerie des élèves les uns envers les autres. C'est vrai qu'il y a des différences ; mais cela n'implique pas le manque de respect.

Casser les représentations sur la différence est moins évident. Il s'agit de changer de point de vue, de modifier l'angle de son regard pour comprendre à quel point cette notion est relative et que rien ne justifie le regard moqueur, discriminant, blessant ou cruel. En décentrant les enfants de leurs certitudes, on parviendra à un véritable développement du respect de chacun. La différence peut effectivement être une richesse, à condition de se mettre à la place de la personne, de la comprendre, d'adopter pour un temps son angle d'observation et de partager ses connaissances, ses expériences, ses manières de penser le monde qui nous entoure.

Tolérance : *fait d'accepter chez les autres une manière d'être, des propos, des idées différents des nôtres.*
Racisme : *idéologie qui suppose l'existence des races et affirme et revendique l'inégalité de celles-ci.*
Xénophobie : *sentiment de haine à l'égard des étrangers.*
Discrimination : *fait d'établir une différence entre les individus et d'en traiter certains plus mal.*

SÉANCE 8
Que veut dire « être différent » ?

DÉROULEMENT DE LA SÉANCE

Connaissances
- *Découvrir le photographe Robert Doisneau.*
- *Mieux connaitre les autres pour acquérir un comportement tolérant.*

Capacités
- *Développer son esprit critique.*
- *Être capable de développer et d'argumenter ses idées.*
- *Comprendre combien est relative la notion de différence.*
- *Comprendre qu'il n'y a pas de norme mais des différences.*
- *Savoir écrire un petit slogan. (CE1/CE2)*
- *Comprendre que la différence est un droit. (CE1/CE2)*

Lexique
- *Rappeler le mot* slogan.
- *Connaitre le mot* différence *et son champ lexical.*
- *Comprendre le terme* normes.

DURÉE : 45 minutes.

ÉTAPE 1 — ÉCHANGE D'IDÉES ET RÉFLEXION AUTOUR DE LA PHOTO

DURÉE 15 minutes
ORGANISATION Collective
MATÉRIEL • Fiche document A : L'enfant sage

La photo est projetée et/ou photocopiée. L'enseignant commence par demander ce qu'elle montre : une scène dans la cour d'école. On peut faire remarquer que l'on est à une autre époque, notamment à travers les tenues d'écoliers. Des enfants s'amusent, rient, chahutent… sauf un, celui qui est au premier plan. L'enseignant laisse ici les enfants décrire son attitude, en guidant les remarques : est-il gêné ? Timide ? Mal à l'aise ? On ne sait pas trop, mais il est certain qu'il se démarque des autres. La question du comportement peut alors être abordée :

> **Que diriez-vous de lui ? Se comporte-t-il comme les autres ?**

Les enfants vont peut-être faire remarquer qu'il « n'est pas pareil », ce qui constitue l'objet de la séance : que signifie « ne pas être pareil, être différent » ? L'enseignant va aider à clarifier cette notion de différence par diverses questions, par exemple :

> **Les autres non plus ne sont pas pareils, regardez, les enfants derrière : ils n'ont pas tous la même tête, les mêmes cheveux... Alors pourquoi l'enfant devant serait celui « qui n'est pas pareil » ?**

Il parait d'emblée différent parce qu'il est immobile, qu'il n'est pas dans le mouvement, il est en dehors du groupe. De plus, il porte des lunettes (élément important pour des enfants qui stigmatisent souvent cette caractéristique). Tous ces points sont à évoquer avec les enfants, sous forme de questions : le fait de ne pas faire comme les autres, de ne pas leur ressembler, de porter des lunettes, etc. (dans ce cas, on est montré du doigt, on est rejeté...). L'enseignant essaie de faire réfléchir les élèves sur ce qu'ils pensent du fait que l'on se moque souvent de ceux qui ne sont pas comme les autres. Il les amène à comprendre qu'on n'est pas obligé de se ressembler, que l'on a tous droit à être différent, et que l'on devrait pouvoir apprendre à respecter les différences. Il demande ce que ressentent les personnes victimes de moqueries (petits, gros, maigres...) : tristesse, gêne, mal-être.

Il aborde enfin la question de la relativité de la différence : en effet, *être différent* ne signifie pas grand chose en soi. C'est au sein du groupe que nait la différence. La question du point de vue peut alors être inversée :

> **Sur la photo, nous avons vu que c'est l'enfant à lunettes qui semble différent, parce qu'il ne fait pas comme les autres et ne ressemble pas aux autres. Mais imaginons que, dans la cour, tous les enfants portent des lunettes et ne bougent pas. Qui serait différent alors ?**

L'enseignant laisse les enfants échanger, puis il peut inviter à mener la même réflexion à partir d'autres exemples : dans un monde où tous seraient petits (le grand serait différent), dans un monde où tous seraient chauves (le chevelu serait différent), etc. Il peut donner aussi des exemples relatifs au caractère ou au comportement : les timides, les joyeux, les obéissants, etc. L'enseignant conclut sur l'idée qu'être différent signifie *ne pas être comme ceux qui sont autour de moi.* Ainsi, tout dépend des normes du groupe dans lequel on se trouve.

ÉTAPE 2 APPROFONDISSEMENT DE LA NOTION

DURÉE • 10-15 minutes (CP et CE1)
• 20-25 minutes (CE2)
ORGANISATION Individuelle
MATÉRIEL • Fiche activité 1 : Qui est différent ?
• Bonhommes à découper (CE2)

Une fois la fiche distribuée, l'enseignant fait lire collectivement les consignes.

CP

On peut préciser que, dans chaque série, il y a deux situations différentes (mais qui se font écho). Il vaut mieux utiliser un crayon de couleur pour mieux faire apparaitre l'élément à part.

CE1

L'enseignant rappelle ce qu'est un slogan : une phrase courte qui sert à donner un message aux gens. Des exemples de slogan peuvent être proposés par les enfants (publicité, affiches...) ou par l'enseignant. On peut aussi s'appuyer sur les affiches concernant la prévention des dangers (voir séances 7 à 9, pages 47-70), qui comportent des slogans tels que : « fenêtre = danger », etc. L'enseignant demande à la classe de proposer des exemples de message que l'on pourrait transmettre en faveur de la différence. Si les enfants sont à court d'idées, il peut proposer « Être différent, c'est... » ou encore « La différence, c'est... », et laisser les enfants terminer la phrase. Enfin, l'enseignant aide à la production d'écrit soit en donnant l'orthographe des mots, soit en aidant à formuler des idées.

CE2

Pour la question 3, précisez aux enfants qu'une réponse du type « Ce n'est pas bien » ne suffit pas. Il faut expliquer en quoi ça ne va pas.
Pour le dernier exercice, vérifier la bonne compréhension de la consigne. L'enfant est libre de les replacer librement à condition qu'apparaisse une nouvelle situation dans laquelle les différences ne sont plus source de discriminations. Éventuellement, distribuer, en plus de la fiche activité, les bonshommes à découper disponibles sur le CD-Rom.

ÉTAPE 3 MISE EN COMMUN

DURÉE 20 minutes
ORGANISATION Collective
MATÉRIEL • Fiche activité 1 complétée
• « Tous différents, tous respectés »

La correction est collective.

CP

Chaque situation est reprise une à une, chaque réponse est justifiée : série 1 : critère de couleur ; série 2 : critère de forme, de taille ; série 3 : critère d'apparence (abimé/non abimé) ; série 4 : critère de taille.
L'enseignant demande aux enfants de lire leur proposition. Il fait valider ou non par la classe, discute de la pertinence des phrases puis corrige l'orthographe individuellement. Parmi les réponses possibles, on peut retenir : *Celui qui est différent est toujours* ***celui qui n'est pas comme les autres.***

CE1

Les slogans sont lus et validés par la classe. Les critères de validation tourneront autour de deux questions :
• Le message est-il clair, compréhensible ?
• Le message permet-il de défendre le droit à la différence ? (Autrement dit, est-il efficace ?)
Enfin, chaque proposition de l'activité 2 fait l'objet d'une petite discussion, notamment la dernière. *Celui qui est différent n'est pas normal :* sur ce point, l'enseignant demande aux enfants ce qu'ils en pensent. Sans doute répondront-ils que non, ce n'est pas vrai. Mais pour approfondir, l'enseignant demande ce que signifie « être normal ». Les enfants font des propositions et l'enseignant conclut : « En fait, il n'y a pas de normalité. Sinon, cela voudrait dire qu'il y a des gens normaux et des gens pas normaux. Il n'y a pas de norme. Il n'y a que des différences. »

CE2

La situation de départ est analysée : un personnage seul, rejeté, exclu, mis à l'écart, à cause de sa couleur non semblable à celle des autres (on est dans la non-acceptation, le non-respect des différences). Demander aux enfants ce qu'ils pensent de cette attitude, en faisant argumenter. Voir en effet que cela est *stupide, idiot*. Le mot *raciste* peut être employé ici. Puis justifier en quoi cela est stupide avec des explications du type : *ce n'est pas parce qu'on n'est pas de la même couleur que l'on doit rester chacun de son côté, ce n'est pas parce qu'on est différent qu'on ne doit pas vivre ensemble*, etc.
Enfin, observer les collages réalisés et vérifier que la nouvelle situation met bien en avant le respect des différences. Par exemple, une ronde dans laquelle figure à présent le personnage orange ou encore tous les personnages se donnant la main, sans exception.

PROLONGEMENTS

• Présenter le document, « Tous différents, tous respectés », où figure une affiche réalisée par des enseignants de collège et leurs élèves sur le respect des différences. Pointer les divers types de différences (couleur, sexe, âge, accessoires, forme des visages, etc.).
On peut utiliser le poster tout au long de l'année, notamment à la suite d'une moquerie ou d'une situation propre à faire respecter la différence.
• Il existe également une multitude d'albums et d'histoires qui traitent du thème de la différence. L'enseignant peut faire lire, parmi les choix suivants :
– *Le Vilain Petit Canard* (de H. C. Andersen), puis montrer aux enfants le dessin animé sur Internet portant le même nom.
– *Roméo et Juliette* de Mario Ramos.
– *Le Nuage bleu* de Tomi Ungerer.

SÉANCE 9
Quelles sont nos différences ?

DÉROULEMENT DE LA SÉANCE

Connaissance
• *Connaitre divers types de différences.*

Capacité
• *Respecter et tirer profit des autres productions d'élèves.*
• *Apprendre à respecter les différences.*
• *Savoir se mettre à la place des autres.*

Lexique
Comprendre le terme ressemblance.

DURÉE : 55 minutes.

ÉTAPE 1 — ÉCHANGE D'IDÉES ET RÉFLEXION AUTOUR DU DOCUMENT

DURÉE 10 minutes
ORGANISATION Collective.
MATÉRIEL • Fiche document B : Tous différents

CP ET CE1

L'enseignant commence par faire rappeler le contenu de la séance précédente et notamment l'idée que la différence est marquée par une « non-ressemblance » au groupe. Autrement dit, être considéré comme différent signifie ne pas être comme les autres. Ensuite, les enfants sont invités à observer la planche de l'album, projetée et/ou photocopiée, seuls dans un premier temps puis collectivement. L'enseignant demande de quelle différence il s'agit ici. Une fois la taille évoquée, il amène à mettre en valeur une autre différence.

> **Dans la vie effectivement, il y a des personnes petites, des personnes très grandes... Mais quelle autre différence voyez-vous sur cette image ?**

Après observation, la couleur de la peau est évoquée. Les enfants peuvent donner des exemples. L'enseignant peut ensuite faire porter l'attention sur les cheveux, notamment sur le fait que le troisième personnage est chauve et faire constater que, dans la vie, certains ont peu de cheveux et d'autres beaucoup plus. Enfin, il pointe les chaussures de couleur différente.

Il conclut en précisant que, comme le montre le document, les types de différence sont très variés.

CE2

Faire rappeler le contenu de la séance précédente puis faire observer les deux mosaïques. Demander aux enfants quelles différences ils remarquent entre les deux. Pointer le fait que sur la première, les carreaux sont tous identiques par leur taille, leur couleur et leur positionnement tandis que sur la seconde, les morceaux sont tous différents. Faire énumérer les différences : *de taille, de forme, de couleur, d'aspect (lisse/rugueux)*... Puis demander :

> **Imaginez que, dans la vie, tout le monde soit comme sur la première mosaïque, qu'est-ce que cela donnerait ?**

Laisser répondre puis préciser que *l'on ne distinguerait pas les gens, que cela serait assez morne*, etc.

> **Que pensez-vous de la seconde mosaïque ?**

Laisser répondre puis voir qu'elle est porteuse de *diversité*. C'est une mosaïque de différences, comme dans la vie. Faire énumérer alors toutes les différences que l'on peut, de la même manière, rencontrer chez les gens : *différence de taille, de poids (forme), de couleur...*

ÉTAPE 2 — RÉALISATION D'UNE PLANCHE (CP/CE1) OU D'UN TEXTE (CE2) SUR LA DIFFÉRENCE

DURÉE 25 minutes

ORGANISATION Individuelle

MATÉRIEL
- Fiche document B : Tous différents
- Feuille A4
- Étiquettes à découper
- Fiche activité 2 (pour les CE2)

CP-CE1

Les enfants disposent toujours de la planche de l'album comme modèle, projetée et/ou photocopiée.

L'enseignant a préparé, au préalable, les étiquettes fournies sur le .

L'enseignant demande aux enfants de trouver d'autres types de différences.

Pour mettre sur la voie, il peut ajouter d'autres exemples : gros ou très gros, vieux ou très vieux, seul ou en famille... Et ce, afin que les élèves ne se cantonnent pas aux seules différences physiques.

Puis il annonce le travail à venir à la classe.

> **Comme Todd Parr, vous allez chercher des idées de différences que l'on peut rencontrer dans la vie ; puis vous les dessinerez et les écrirez, après avoir collé l'étiquette que je vous distribuerai *(Dans la vie, on peut être : / Dans la vie, on peut avoir :).***

Les élèves ont donc la possibilité d'utiliser l'une ou l'autre des étiquettes. Sur le document B, il y a quatre personnages. Les enfants ne sont pas obligés d'en faire quatre mais doivent en trouver au moins trois. Les élèves prennent leur feuille blanche dans le sens horizontal (paysage).

Lorsqu'ils trouvent une idée, l'enseignant vient la valider ou non. Les enfants qui ont du mal à trouver une idée sont aidés individuellement par l'enseignant qui peut leur rappeler plusieurs critères de différence : couleur de peau, morphologie, visage (longueur de cheveux, oreilles...), caractère, âge, etc. Une fois que l'idée est juste, l'enseignant donne à l'enfant l'étiquette à coller, sous laquelle il dessinera les idées qu'il a trouvées (comme sur la planche originale) et écrira les mots correspondants. Par exemple : *Dans la vie, on peut avoir de petites oreilles, de moyennes oreilles, de grandes oreilles, de très grandes oreilles.* (Voir également les exemples illustrés.)

CE2

L'enseignant demande aux élèves de trouver d'autres types de différences. Pour mettre sur la voie, il précise qu'il ne faut pas se limiter aux aspects physiques. Ainsi, il peut y avoir des différences de couleur, de morphologie, de visage, mais aussi de caractère, d'âge, d'humeur... Ce sur quoi les élèves sont amenés à réfléchir.

Ensuite, l'enseignant fait lire les consignes de la fiche activité.

ÉTAPE 3

AFFICHAGE ET OBSERVATION DES DESSINS (CP ET CE1)

LECTURE DES TEXTES SUR LA DIFFÉRENCE (CE2)

DURÉE 20 minutes

ORGANISATION Collective

MATÉRIEL
- Les planches réalisées par les élèves (CP et CE1).
- La fiche activité 2 complétée (CE2)

CP-CE1

L'enseignant affiche au tableau (ou dans le coin regroupement de la classe) les productions des élèves. Toute la classe est rassemblée pour les observer, assise. Les différences illustrées sont nommées (différences d'âge, de poids, de caractère...). En conclusion, on souligne de nouveau la diversité des hommes et le fait qu'il n'y a pas un modèle mais bien des différences à respecter.

CE2

Le texte à compléter est repris phrase par phrase collectivement. La classe discute des choix de chacun. L'orthographe des phrases sera corrigée individuellement par l'enseignant.

Demandez aux enfants de décrire leur mosaïque et d'expliquer leur choix : quelles différences ?

SÉANCE 10
Qu'est-ce que le handicap ?

DÉROULEMENT DE LA SÉANCE

Connaissances
- *Connaitre la notion de « handicap ».*
- *Connaitre, au moins de nom, la trisomie 21.*

Capacités
- *Repérer des paroles et des gestes déplacés.*
- *Apprendre à respecter les différences, et notamment le handicap.*
- *Repérer la moquerie et le manque de respect.*
- *Écrire une phrase témoignant du respect.*

Lexique
Comprendre le mot handicap.

DURÉE : 50 à 55 minutes.

ÉTAPE 1 ÉCHANGE D'IDÉES ET RÉFLEXION AUTOUR DU DOCUMENT

DURÉE 15 minutes
ORGANISATION Collective
MATÉRIEL • Fiche activité 3 : Clément 21 (CP et CE1)
• Fiche document C : On a tous le droit d'être heureux (CE2)

L'enseignant commence par faire rappeler le contenu de la séance précédente. Puis les enfants sont amenés à lire la planche de l'album, affichée et/ou photocopiée (CP et CE1) ou l'affiche (CE2).

CP ET CE1

L'enseignant peut commencer d'emblée par une lecture collective. Puis il demande ce qui se passe sur cette image, quelle est la situation (cour d'école, regroupement autour des deux frères, moquerie...). La question suivante va concerner plus précisément l'enfant, objet des moqueries :

> **Pourquoi les élèves se moquent-ils de cet enfant ? Qu'est-ce qu'il a ?**
L'enseignant laisse la classe faire des propositions puis il met sur la voie, au besoin.

> **Pourquoi y a-t-il une petite fille qui dit : « Il a une tête bizarre » ? Pourquoi y a-t-il un garçon qui dit : « Il est mongolien » ?**
Là encore, les enfants font des hypothèses. L'enseignant conclut en expliquant que ce petit garçon au milieu de la cour s'appelle Clément, qu'il est né avec une maladie qui s'appelle la trisomie. À cause de cela, il a du mal à s'exprimer clairement, il peut aussi avoir des difficultés à se déplacer, sauter, courir, comprendre les choses... D'une certaine manière, on peut dire qu'il est handicapé (handicapé par cette maladie). Sur l'image, on peut voir que la réaction des enfants face à cela est la moquerie. L'enseignant demande alors :

> Pourquoi les enfants se moquent-ils de lui ?
Les enfants font des propositions, aidés par l'enseignant : peut-être qu'ils ne savent pas ce qu'est la trisomie, peut-être qu'ils ne respectent pas la différence et le handicap, etc. Puis il finit par un petit débat : il demande à la classe ce qu'elle pense de ce genre de réaction.

CE2

Laisser observer l'affiche un instant. Puis demander :

> Comment comprenez-vous cette affiche ? De quoi parle-t-elle ?
Laisser répondre et expliquer « trisomie 21 » : maladie dès la naissance qui handicape les gens et s'accompagne d'un retard du développement mental. Un trisomique a des difficultés à s'exprimer, à apprendre, à comprendre, à s'adapter au monde qui l'entoure...

> Quel est le message concernant les trisomiques ?
Laisser répondre puis lire tout le texte de l'affiche collectivement. Comprendre ce que cela signifie : *ce n'est pas parce que l'on est handicapé, trisomique, que l'on n'a pas les mêmes droits que les autres*.

> À votre avis, pourquoi cette fondation a-t-elle eu besoin de faire passer ce message ?
Laisser répondre et évoquer le fait que les handicapés sont très souvent victimes de préjugés, de moqueries et de discrimination... La fondation a donc estimé important de rappeler qu'une personne trisomique a aussi droit au respect, à l'égalité et à la considération.

ÉTAPE 2 — REPÉRAGE DE PAROLES ET DE GESTES INAPPROPRIÉS (CP ET CE1)

RÉFLEXION AUTOUR DU HANDICAP (CE2)

DURÉE • 10 minutes (CP)
• 15 minutes (CE1)
• 20 minutes (CE2)
ORGANISATION Individuelle
MATÉRIEL • Fiche activité 3 : Clément 21 (CP et CE1) et Le droit au bonheur (CE2)

CP ET CE1

La consigne est lue à l'oral. L'enseignant précise aux enfants qu'ils peuvent barrer sur l'image (d'une croix, par exemple) tous les gestes et les paroles des enfants qui montrent qu'ils se moquent ou ne respectent pas Clément. Éventuellement, on peut donner collectivement un exemple.

CE2

Lire les consignes collectivement. Rappeler le but d'un slogan : faire passer un message, court mais efficace. Expliquer également que de la même manière qu'il existe une déclaration pour les droits des hommes, des femmes et des enfants, il existe un texte de lois pour défendre les droits des personnes handicapées.

ÉTAPE 3 MISE EN COMMUN ET ÉLABORATION D'UNE TRACE ÉCRITE

DURÉE 20 minutes
ORGANISATION Collective
MATÉRIEL • Fiche activité 3 complétée

CP ET CE1

Les enfants ont l'image devant eux (photocopiée et de préférence vidéoprojetée). L'enseignant demande aux enfants de dire leurs propositions. Pour chaque parole ou geste donné, une discussion est lancée. Exemple : un enfant propose de barrer le bras d'un enfant qui montre Clément du doigt ; l'enseignant demande si les autres sont d'accord et pourquoi. Autre exemple : un enfant propose de barrer « Il a une tête bizarre » ; l'enseignant demande aux autres ce qu'ils en pensent, en quoi cette parole est déplacée et ce qu'elle engendre chez celui qui la reçoit. Ainsi, les enfants sont amenés à rendre compte de ce que gestes et paroles signifient (moquerie, manque de respect…) et engendrent (malaise, gêne, honte, tristesse).
Au CP, l'activité 2 est également corrigée : les élèves proposent leur phrase finale, celle-ci est discutée et validée ou non par la classe (par exemple : « Tu joues avec moi ? » ou encore « Comment ça va, Clément ? »).
Au CE1, les questions sont reprises une par une. Si le mot trisomie n'a pas été trouvé dans le dictionnaire 6-8 ans, il est intéressant de solliciter les classes de CM afin qu'elles prêtent leur dictionnaire pour y trouver la définition. Les deux dernières questions sont discutées collectivement. Pour le sentiment de Clément, il est bon de rappeler, comme le montre l'image, qu'il a honte et que toute moquerie, toute attaque peut faire mal, blesser et provoquer un sentiment de culpabilité pourtant injustifiée.

CE2

Les slogans sont écoutés et discutés en se posant les questions : défendent-ils bien les intérêts des trisomiques ? Appellent-ils au respect ? Le message doit donc jouer clairement en faveur de la cause.
Pour l'exercice 2, laisser les enfants proposer puis, au besoin, voir que le 21 mars, la classe peut lancer une campagne d'information sur la trisomie et plus largement sur les personnes handicapées et la diffuser dans l'école.
Pour l'exercice 3, laisser proposer. Faire discuter de la pertinence des droits proposés puis énoncer quelques droits de la déclaration (disponible sur le CD-Rom).
Enfin, pour l'exercice 4, l'intérêt est de faire comprendre à la personne qu'être handicapé est, en soi, compliqué et douloureux et qu'il n'y a pas à rire de cela. On peut expliquer à une personne qui rit ce qu'est la maladie précisément (par exemple être atteint de trisomie), ce que cela engendre dans la vie de tous les jours, les soins et suivis que cela nécessite, etc.

Pour terminer, l'enseignant aide les enfants à résumer les points abordés sur la question de la différence lors des trois séances, afin d'élaborer collectivement une trace écrite. Par exemple :

> ***On est tous différents.***
>
> ***On peut être petit, grand, gros, timide, handicapé… On peut avoir des lunettes… Le plus important est de respecter ces différences, c'est-à-dire de ne pas se moquer de l'autre ni le rejeter parce qu'il ne nous ressemble pas.***

PROLONGEMENT

Faire lire l'histoire intégrale de *Clément 21* (Hatier) et *Un petit frère pas comme les autres* (Bayard Jeunesse).

L'ENFANT SAGE

Enfant sage, Robert Doisneau.

CP

[FICHE ACTIVITÉ 1]

Que veut dire « être différent » ?

QUI EST DIFFÉRENT ?

❶ Dans chaque série, entoure en couleur celui qui est différent.

1

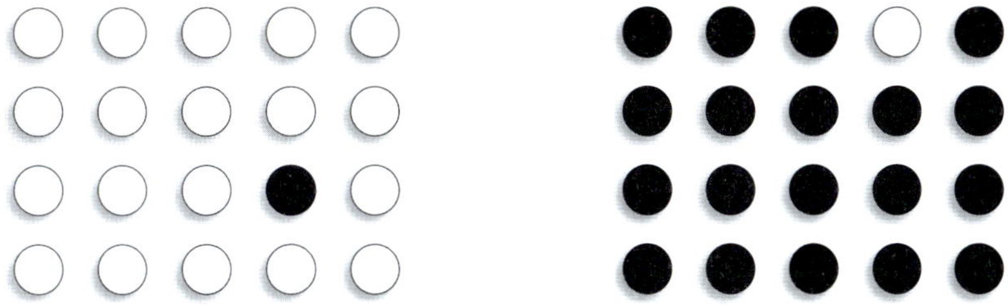

2

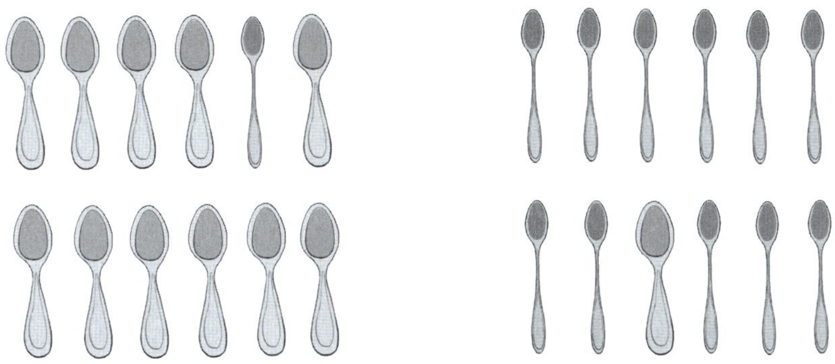

3

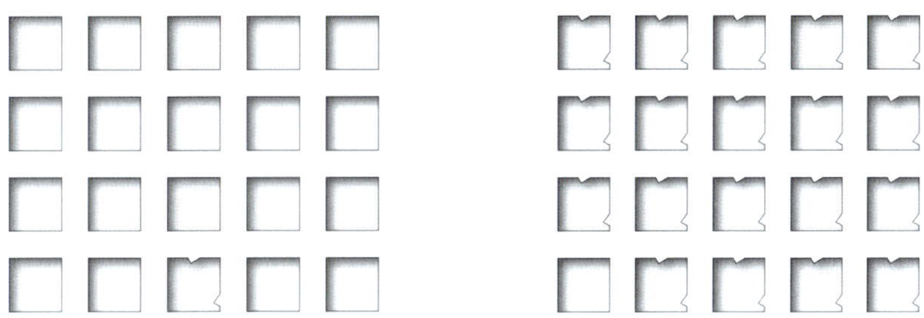

4

❷ Complète la phrase.

Celui qui est différent est toujours celui qui ....

....

[FICHE ACTIVITÉ 1]

Que veut dire « être différent » ?

QUI EST DIFFÉRENT ?

1 Imagine et écris un slogan en faveur de la différence.

Enfant sage, Robert Doisneau.

....

....

....

....

2 Vrai ou faux ? Coche la bonne réponse.

	V	F
On doit tous se ressembler.	☐	☐
On a le droit de ne pas être comme les autres.	☐	☐
Celui qui est différent n'est pas normal.	☐	☐

CE2

[FICHE ACTIVITÉ 1]

Que veut dire « être différent » ?

QUI EST DIFFÉRENT ?

❶ Colorie les bonshommes de la ronde en bleu et le bonhomme seul en orange puis observe la situation. Donne un titre à cette image.

....

❷ À ton avis, pourquoi y a-t-il un personnage seul ?

....

❸ Comment les personnages bleus se comportent-ils par rapport à la différence ? Qu'en penses-tu ?

....

....

❹ Change cette situation !
Découpe, colorie puis colle sur une feuille les personnages pour que les différences ne fassent plus d'histoires. Donne un titre à cette nouvelle image.

TOUS DIFFÉRENTS

Tous différents, Todd Parr, © Éd. Bayard Jeunesse, 2006.

TOUS DIFFÉRENTS

DANS LA VIE...

❶ Complète ce texte.

Dans la vie, on peut être ....

Dans la vie, on peut être ....

Dans la vie, on peut avoir ....

Dans la vie, on peut ....

Dans la vie, ...

Il y a en a qui sont ....

et d'autres qui sont ....

Il y en a qui ....

et d'autres qui ....

C'est la vie !

❷ À ton tour de réaliser une mosaïque des différences. Dessine puis colorie.

[FICHE DOCUMENT C]

Que veut dire « être différent » ?

DANS LA VIE…

CP

Que veut dire « être différent » ?

CLÉMENT 21

❶ Sur l'image, barre les gestes et les paroles qui montrent un manque de respect envers Clément.

Clément 21, Morgan David, © Éd. Hatier, 2007.

❷ Imagine et écris ce que tu dirais, toi, à Clément, dans la cour.

« ....

.... »

CE1

[FICHE ACTIVITÉ 3]

Que veut dire « être différent » ?

CLÉMENT 21

❶ Sur l'image, barre les gestes et les paroles qui montrent un manque de respect envers Clément.

Clément 21, Morgan David, © Éd. Hatier, 2007.

❷ Cherche la définition de *trisomie* dans ton dictionnaire.

....

❸ D'après toi, que ressent Clément ?

....

....

❹ Imagine et écris ce que tu dirais, toi, à Clément dans la cour.

« ....

.... »

LE DROIT AU BONHEUR

❶ *« On a tous le droit d'être heureux »*
Propose deux autres slogans pour cette affiche.

....

....

❷ Chaque année, le 21 mars est la journée mondiale de la trisomie 21.
Imagine et explique ce que tu pourrais faire avec ta classe ce jour-là.

....

....

....

....

....

❸ Le 11 février 2005, la France a adopté un texte de loi sur les droits des personnes handicapées. Imagine et écris quels peuvent être ces droits.

Toute personne handicapée a le droit ....

Toute personne handicapée a le droit ....

Toute personne handicapée a le droit ....

Toute personne handicapée a le droit ....

❹ Qu'expliquerais-tu à une personne qui rit d'une personne handicapée ?

....

....

....

....

THÈME 3
MOI ET LA SOCIÉTÉ

SÉANCES 1 À 3

Droits, interdits et règles

INFORMATIONS POUR L'ENSEIGNANT

Le droit, théorisé notamment par Emmanuel Kant, permet de réguler les relations sociales entre les individus formant une société. L'ensemble des droits accordés aux membres d'une société est indissociable des devoirs que ces membres ont au regard de la collectivité, et notamment le premier d'entre eux : celui d'obéir à la loi. Nous avons des droits parce que nous avons des devoirs, ou inversement. Et le droit n'est en aucun cas celui du plus fort. Ce que garantit le droit, c'est précisément de voir s'effacer la force dans l'obligation faite à tous. Tous soumis aux mêmes droits et devoirs, la société peut reposer sur un principe d'égalité. C'est le philosophe anglais Hobbes qui a principalement défendu cette idée selon laquelle le droit et les droits accordés viennent s'opposer aux rapports de force de la nature, auxquels seraient livrés les hommes sans le droit. La nature des hommes est contrecarrée par la loi qui encadre, protège et garantit.

Les droits sont ainsi des règles censées garantir les individus. La Déclaration des droits de l'homme et du citoyen de 1789, celle universelle de l'ONU et enfin celle des droits de l'enfant participent de cette volonté générale de donner des droits aux individus juridiquement démunis.

Il faut toujours avoir à l'esprit qu'une règle n'est efficace que si elle est expliquée et comprise. Les règlements de classe construits et rédigés arbitrairement et sans concertation n'ont que peu d'effets.

COMMENT L'EXPLIQUER AUX ENFANTS ?

Une des façons simples d'expliquer aux élèves la question des droits, c'est de prendre la Déclaration des droits de l'enfant. On a des droits : droit de s'exprimer, droit de parler, de penser, de croire librement, droit de jouer avec qui on veut, droit de ne pas jouer si l'on ne veut pas. Ce qui est très proche de l'idée de liberté. Ces droits sont associés à des situations pour rendre plus concrètes les explications. On a le droit, quand on est enfant, d'être protégé, d'avoir un logement et de quoi manger et se soigner.

On a des droits, mais on a aussi des obligations : ne pas faire trop de bruit quand les autres dorment, ne pas déranger le travail des autres, écouter la parole des camarades en classe, ou encore ne pas frapper un plus petit que soi. Ne pas les observer est un manque de respect et peut aussi être passible de sanction.

Enfin, les règles interdisent de faire certaines choses, mais ont également la capacité d'en autoriser d'autres. Elles protègent. Si l'on n'a pas le droit de faire violence contre un autre, inversement, cette règle interdit le fait de subir la même chose.

Droit(s) :
1) Fait d'être autorisé à faire quelque chose.
2) Ensemble des principes et des normes qui définissent les règles de vie en commun.
Règles : *prescriptions ou principes communs qui définissent une manière de fonctionner en s'imposant à tout le monde.*
Sanction : *conséquence d'un acte ou d'une parole. C'est aussi une mesure prise pour éviter que cet acte soit répété.*

SÉANCE 1
Quels sont mes droits ?

DÉROULEMENT DE LA SÉANCE

Connaissances
• *Connaitre les droits de l'enfant.*
• *Avoir connaissance de la Déclaration des droits de l'enfant du 20 novembre 1959 et de la Convention internationale de 1989.*

Capacités
• *Lire une affiche.*
• *Associer une situation donnée à un droit.*
• *Comprendre l'un des principes d'une société démocratique.*
• *Retranscrire avec des mots simples les droits de l'enfant.*
• *Comprendre que la règle peut interdire mais aussi autoriser.*
• *Savoir se mettre à la place des autres.*

Lexique
• *Comprendre le mot* Déclaration.
• *Connaitre la dimension collective du mot* droit.

DURÉE : 40 minutes.

ÉTAPE 1 LECTURE DE L'AFFICHE ET ÉCHANGE AUTOUR DES DROITS

DURÉE 20 minutes
ORGANISATION Collective
MATÉRIEL • Fiche document A : Les droits des enfants

L'enseignant commence par annoncer qu'il y a plus de 50 ans, un texte (ou une déclaration) a été rédigé dans lequel sont écrits les droits des enfants, enrichi par un autre (une convention internationale) en 1989. (La notion de droits a été vue précédemment, mais elle peut être redéfinie au besoin.)
L'affiche, projetée et/ou photocopiée, est d'abord lue individuellement puis collectivement. La classe énumère et explique les droits un à un. Pour chaque bulle, l'enseignant demande :

> **Qu'est-ce que cela signifie ? De quel droit s'agit-il ?**

Les enfants expliquent, s'interrogent et reformulent sous forme de droits, à l'aide de l'enseignant. Ainsi, *j'ai besoin d'être aimé et entouré* peut être reformulé par *j'ai le droit d'avoir une famille et de l'amour.* De même, *je dois être bien soignée, bien nourrie et avoir une maison* peut devenir *j'ai droit à être soignée, bien nourrie et avoir une maison* ou *j'ai le droit au bien-être.* Certaines bulles demandent à être davantage discutées et favorisent un échange d'idées. Par exemple :

« Pourquoi la fille dit qu'elle a droit à avoir une maison ? Tout le monde a une maison ! » C'est précisément dans ce cas de figure qu'il faut amener les enfants à réfléchir sur la vie d'autres enfants, dans un autre pays, une autre ville, un autre quartier, une autre famille... Certains n'ont pas toujours la chance d'être logés (ou logés décemment). Il en va de même pour la bulle *on n'a pas le droit de se servir de moi* : si cette question peut paraitre très éloignée des élèves de la classe, il faut néanmoins leur expliquer qu'ailleurs (et parfois pas si loin), il existe des enfants dont on se sert, et qu'on oblige notamment à travailler. En cela, la lecture de ces droits doit permettre aux enfants de se décentrer, de s'ouvrir au large monde et de prendre conscience de la diversité des modes et des conditions de vie.

ÉTAPE 2 ÉCRITURE DE DROITS

DURÉE 20 minutes
ORGANISATION Individuelle
MATÉRIEL
- Fiche document A : Les droits des enfants
- Fiche activité 1 : Le droit de...

Les enfants ont sous les yeux le document et la fiche.
En CP, CE1 comme en CE2, les droits donnés sur la fiche d'exercices sont lus collectivement. La consigne est également expliquée.

CP

On s'assure que les dessins ont été bien compris par les élèves.

CE1 ET CE2

On peut rappeler aux enfants de CE1 et de CE2 que tous les droits énoncés précédemment sont à reprendre sur la fiche.
Pour les élèves en difficulté, le travail peut s'effectuer en binômes.
La correction est effectuée par l'enseignant. Une mise en commun n'est pas nécessaire car l'affiche a été au préalable longuement travaillée.

PROLONGEMENT REGARDER UNE VIDÉO SUR LES DROITS DES ENFANTS

À la fin de la vidéo, demander aux élèves : « À quoi servent les droits de l'enfant ? »
Faire comprendre que les enfants sont des personnes dépendantes et vulnérables ; c'est pourquoi un texte rassemble des règles visant à les protéger et les aider à bien grandir (la Convention internationale des droits de l'enfant).
Demander ensuite : « Quels sont les droits dont il est question dans cette vidéo ? » (*manger, avoir une famille, être soigné, être protéger contre la guerre, aller à l'école...*)
Enfin, demander si ces droits sont toujours respectés partout dans le monde, et échanger sur le fait que malgré cette convention, il y a encore des pays, et des familles, au sein desquels les droits ne sont pas respectés (« Il reste encore des efforts à faire », dit la voix off).

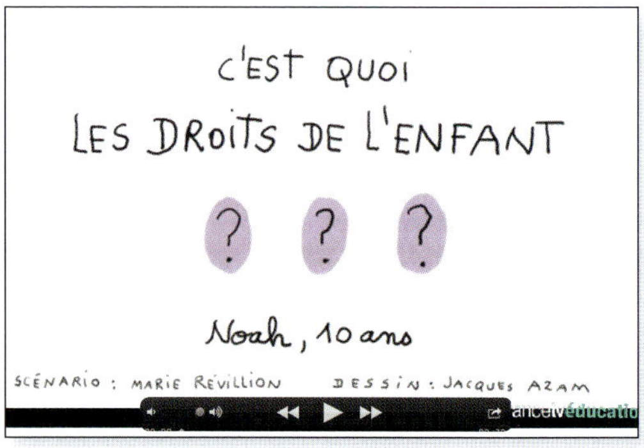

© France télévisions – Milan presse.

SÉANCE 2
Pourquoi y a-t-il des interdits ?

DÉROULEMENT DE LA SÉANCE

Connaissance
• *Connaitre la notion d'interdit.*

Capacités
• *Comprendre la nécessité des interdits.*
• *Comprendre les raisons de l'obéissance aux règles.*
• *Pouvoir anticiper les conséquences de ses actes.*
• *Comprendre l'un des principes d'une société démocratique.*
• *Être capable d'argumenter et de confronter son jugement à celui des autres dans une discussion.*

Lexique
• *Connaitre les mots* loi, permission, limite.
• *Comprendre le mot* sanction.

DURÉE : 55 minutes.

ÉTAPE 1 — LECTURE ET ÉCHANGE AUTOUR DE L'EXTRAIT

DURÉE 15 minutes
ORGANISATION Collective
MATÉRIEL • Fiche document B : On ne peut pas...

L'enseignant commence par faire rappeler le contenu de la séance précédente : les droits de l'enfant. Puis il demande :

> **Les enfants ont des droits, comme nous l'avons vu. Cela signifie-t-il qu'ils ont tous les droits ? Est-ce que les enfants, au nom de leurs droits, peuvent faire tout ce qu'ils veulent ?**

Un échange est engagé, sur lequel l'enseignant conclut : « Ce n'est pas parce qu'on a des droits qu'on a tous les droits. Pour les adultes, comme pour les enfants, il y a des choses qu'on ne peut pas faire ou dire... C'est ce que nous allons voir maintenant. »

Le texte est distribué, voire projeté. L'enseignant commence par situer l'extrait, tiré d'un album intitulé *Les Interdits des petits et des grands,* qui évoque ce qui est interdit... Le texte est lu d'abord individuellement. Au CP, l'enseignant peut faire procéder à une lecture collective. Une fois le texte lu, l'enseignant pose une série de questions visant non pas à énumérer tous les interdits mais à comprendre pourquoi il y a des interdits et à quoi ils servent. Par exemple :

> **Pourquoi ne peut-on pas déchirer les pages d'un livre ?** *Pourquoi ne peut-on pas pousser quelqu'un dans les escaliers ?*

Il amène les enfants à réfléchir, systématiquement, aux conséquences de telles attitudes, et plus largement aux conséquences de leurs actes. À la fin de l'échange, l'idée principale doit émerger :

s'il y a des interdits, c'est pour permettre de bien vivre ensemble, de se respecter et d'être respecté. Pour conclure, l'enseignant peut demander :

> **Que se passerait-il s'il n'y avait aucune règle et aucune loi ? Si tout était permis ?**
Les enfants vont réagir sans doute assez rapidement pour dire qu'il y aurait un grand désordre.

ÉTAPE 2 RÉFLEXION SUR LES INTERDITS

DURÉE 15-20 minutes
ORGANISATION Individuelle
MATÉRIEL • Fiche activité 2 : Les interdits

CP

Les consignes sont lues collectivement. Si le niveau de classe le demande, les bulles de l'exercice 1 peuvent être lues collectivement ou l'enseignant aide ceux qui sont en difficulté. Pour l'exercice 2, l'enseignant peut écrire au tableau les mots demandés par les enfants afin de terminer la phrase.

CE1 ET CE2

Les consignes sont lues collectivement. L'enseignant peut demander de donner des exemples à l'oral pour compléter la première phrase.

ÉTAPE 3 MISE EN COMMUN

DURÉE 15-20 minutes
ORGANISATION Collective
MATÉRIEL • Fiche activité 2 complétée

CP

Les bulles sont lues une à une et commentées. Par exemple, pour *Moi j'ai des droits ! Alors je fais ce que je veux !,* l'enseignant invite les élèves à réagir puis demande :

> **Est-ce parce qu'on a des droits que l'on a le droit de faire tout ce que l'on veut ? Est-ce cela, avoir des droits ?**
Chaque bulle doit ainsi permettre de mieux comprendre les limites liées à la notion d'interdit.
Pour le deuxième exercice, les phrases sont proposées oralement, puis discutées par la classe qui donne son point de vue. Par exemple, si un enfant propose : « Il y a des interdits pour ne pas embêter les autres », l'enseignant fait réagir la classe puis demande : « Seulement pour ne pas embêter les autres ? » Il conclut en expliquant que les interdits permettent également de ne pas se faire embêter soi-même par les autres, que cela fonctionne dans les deux sens.
Enfin, l'enseignant corrige individuellement l'orthographe et la syntaxe.

CE1 ET CE2

Chaque phrase complétée du premier exercice est lue oralement, afin de permettre à la classe de discuter et d'argumenter les propositions faites. L'enseignant aide à interagir en incitant d'autres élèves à donner leur avis. Là encore, l'objectif est d'amener les enfants à réaliser les finalités des interdits et les conséquences de leurs actes. Par exemple, comprendre que si l'on fait du bruit la nuit, on empêche les gens de dormir ; que si l'on pousse quelqu'un dans l'escalier, la personne peut se blesser gravement ou se faire très mal ; ou que si l'on abime les affaires des autres, on ne les respecte pas, on leur fait du tort, ils seront déçus, en colère ou tristes...

Le deuxième exercice est corrigé de la même manière : les propositions sont discutées une à une. Il s'agit de faire comprendre que le respect des interdits n'a pas à voir avec la crainte de la punition ou le regard de l'adulte porté sur soi... Le respect de l'interdit est davantage lié à la compréhension de ce que nos actes engendrent. Autrement dit, on respecte un certain nombre d'interdits pour ne pas blesser, ne pas déranger, heurter ni faire de mal aux autres, de la même manière que les autres n'ont pas à nous déranger.
Pour terminer, l'enseignant explique que les sanctions servent à signifier que l'on a enfreint les règles et les interdits.

SÉANCE 3
Quelles règles pour bien vivre ensemble ?

DÉROULEMENT DE LA SÉANCE

Connaissances
- *Connaitre la notion de règles.*
- *Connaitre les règles du vivre ensemble.*
- *Savoir participer aux règles de la vie commune.*

Capacités
- *Comprendre la nécessité des règles.*
- *Comprendre que la règle peut interdire mais aussi autoriser.*
- *Distinguer les attitudes favorables ou non à la vie collective.*
- *Écrire des règles claires et utiles.*
- *Argumenter ses choix.*

Lexique
- *Rappeler l'expression* bien vivre ensemble.
- *Connaitre le mot* sanction.

DURÉE : 55 minutes.

ÉTAPE 1 MISE EN SITUATION

DURÉE 10 minutes
ORGANISATION Collective

L'enseignant commence par faire rappeler le contenu de la séance précédente, en insistant sur l'idée que les interdits sont nécessaires. Il peut, pour cela, demander aux enfants de proposer des interdits et de les justifier. Ensuite, il explique qu'il existe des règles et des lois, afin de déterminer ce qui est permis et ce qui ne l'est pas. Il peut faire énumérer les règles de l'école, pour partir d'un exemple concret : arriver à l'heure, respecter les lieux, ne pas mâcher de chewing-gum en classe…

Il annonce ensuite le travail à venir :

> **Nous allons réfléchir sur les règles qui pourraient permettre de mieux vivre ensemble. C'est vous qui allez les choisir (et les écrire, pour les CE1 et les CE2).**

Enfin, il peut être utile de rappeler aux enfants de se souvenir ce qui a été vu dans les séances précédentes dans la mesure où les règles à élaborer reprennent l'ensemble des notions déjà abordées telles que : la politesse (p. 98), le respect (p. 122), l'entraide (p. 130), le respect des différences (p. 142)…

ÉTAPE 2 ÉLABORATION DES RÈGLES DU VIVRE ENSEMBLE

DURÉE 20 minutes
ORGANISATION En binômes
MATÉRIEL • Fiche activité 3 : Pour vivre ensemble

La première page de la fiche est commune aux trois niveaux.

CP

Lire collectivement la consigne. L'enseignant peut procéder à une lecture d'image, une à une, avant la mise au travail, afin que les enfants comprennent bien la signification des dessins. Mais aucun commentaire à ce stade n'est fait (du type *c'est bien/ce n'est pas bien*). Les enfants doivent juger par eux-mêmes chaque attitude.

CE1

Lire collectivement la consigne. Si le niveau de la classe l'exige, l'enseignant peut également faire décrire chaque image avant le travail.

Une fois les images sélectionnées, les enfants passent à la « légende » des dessins : les CP ont à faire une sélection parmi un choix d'étiquettes (fiche activité 3), les CE1 et les CE2 ont à écrire eux-mêmes les règles (fiche activité 3 bis suite). Pour ces derniers, l'enseignant amorce le travail d'écriture :

> **Maintenant que vous avez sélectionné vos images, il faut écrire les règles correspondantes. Comment est-ce que l'on formule une règle ?**

Après un temps de réflexion, les enfants donnent des exemples : *ne pas se battre ; être poli…* Ainsi, ils doivent comprendre qu'une règle ne s'écrit pas sous forme de phrase longue, mais sous forme de recommandations courtes. Parfois, un seul verbe suffit. Enfin, l'enseignant souligne que les règles ne sont pas une somme d'interdits qui seraient uniquement formulées par des *ne… pas*. La forme négative n'est pas exclusive : une règle permet de signaler ce qu'il ne faut pas faire mais aussi ce qu'il est bon de faire, d'où la possibilité d'écrire à la forme affirmative.

Dans tous les cas, il se rend disponible pour l'écriture des règles afin d'aider les enfants à mieux les énoncer, soit en aidant à formuler des idées, soit en proposant des mots d'orthographe. Il propose, si nécessaire, un exemple d'écriture de règle au tableau.

CE2

Pour l'exercice 2, précisez qu'il peut y avoir différentes manières de rédiger sa réponse. Soit on commence par une tournure du type : « L'important c'est de » (se respecter, s'écouter…), ce qui donnera une suite de verbes à l'infinitif. Soit on utilise une série de noms : « L'important c'est le respect, l'écoute, l'entraide… » Faire donner des exemples à l'oral.

L'exercice 3 appelle une formulation du type : « Tant que l'on se battra, se moquera les uns des autres… » Faire formuler des exemples à l'oral également.

ÉTAPE 3 MISE EN COMMUN ET ÉLABORATION D'UNE TRACE ÉCRITE

DURÉE 25 minutes
ORGANISATION Collective
MATÉRIEL • Fiche activité 3 complétée

CP ET CE1

L'enseignant demande aux différents binômes de lire à la classe les règles choisies. Ces règles sont discutées collectivement (ainsi que leur formulation, en CE1). Par exemple, des élèves proposent *Donner du gouter* pour la situation de partage. L'enseignant demande alors : « Est-ce que l'on pourrait dire cela autrement ? Est-ce formulé comme une règle ? Qui propose autre chose ? » L'enseignant ou un élève peut alors proposer : *Partager.*
Pour chaque règle discutée, on s'interroge sur son intérêt et sur ses conséquences au niveau du lien entre les uns et les autres. Comme dit précédemment, cette mise en commun est l'occasion de rappeler l'importance des notions de respect, d'entraide, de politesse, de partage… Il revient au maître de faire justifier les choix, à chaque fois : « Oui, pourquoi est-ce important de s'aider ? Pourquoi est-ce important de ne pas commander tout le monde ? Pourquoi est-ce important de se dire bonjour ? » Etc.

CE2

Valider et faire justifier le choix des images. Pour chaque image barrée, expliquer en quoi la situation ne correspond pas au vivre ensemble, ce qu'elle engendre entre les uns et les autres.
Pour les exercices 2 et 3, faire lire les réponses et en discuter collectivement. Expliquer en quoi les éléments choisis permettent de bien vivre tous ensemble, et inversement.
Enfin, pour la dernière question, laisser les enfants proposer et demander à la classe ce qu'elle en pense.

Une fois les fiches corrigées, l'enseignant aide les enfants à résumer les idées essentielles de la séquence afin d'élaborer une trace écrite, telle que :

> ***Dans la vie, les enfants comme les adultes ont des droits. Cela ne veut pas dire que l'on peut tout faire. Il y a aussi des choses que l'on ne peut pas faire, pour le bien de tous. C'est pour mieux vivre ensemble qu'il y a des règles à respecter.***

PHRASE IMPORTANTE

Pour clore la séquence, l'enseignant peut proposer cette citation qui résume l'ensemble de ce qui a été vu :
La loi doit être la même pour tous, soit pour protéger, soit pour punir. (D'après la *Déclaration des droits de l'homme et du citoyen*, 1789)

PROLONGEMENT

Mettre en place des conseils d'enfants et faire élaborer des règles de vie commune à toute l'école.

LES DROITS DES ENFANTS

CP

LE DROIT DE...

Sous chaque image, écris le droit qui lui correspond.

le droit d'être soigné — le droit d'être respecté

le droit d'être aidé — le droit d'apprendre — le droit d'avoir une maison

....
....

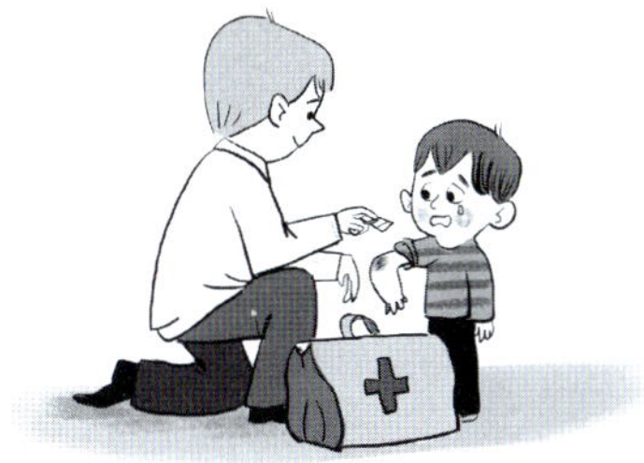

....
....

....
....

....
....

....
....

LE DROIT DE...

À l'aide de l'affiche, retrouve et écris chaque droit au bon endroit.

le droit d'apprendre — le droit d'être protégé — le droit d'être aidé — le droit d'être aimé

le droit d'avoir un nom (une identité) — le droit d'être en sécurité

le droit d'être respecté — le droit d'être éduqué — le droit d'être soignée et nourri

le droit qu'on s'occupe de moi si je suis handicapé

ON NE PEUT PAS...

« On ne peut pas déchirer les pages d'un livre, c'est interdit. »
« On ne peut pas jeter ses déchets dans la rue, c'est interdit. »
« On ne peut pas piétiner les fleurs, c'est interdit. »
« On ne peut pas faire plein de bruit pendant la nuit, c'est interdit. »
« On ne peut pas faire pipi dans la piscine, c'est interdit. »
« On ne peut pas casser les carreaux du voisin, c'est interdit. »
« On ne peut pas abimer les affaires des autres, c'est interdit. »
« On ne peut pas lancer les cailloux sur les voitures, c'est interdit. »
« On ne peut pas frapper un plus petit que soi. »
« On ne peut pas pousser quelqu'un dans les escaliers. »

Les Interdits des petits et des grands,
Pittau et Gervais, © Éditions du Seuil, 2003.

« On ne peut pas déchirer les pages d'un livre, c'est interdit. »
« On ne peut pas jeter ses déchets dans la rue, c'est interdit. »
« On ne peut pas piétiner les fleurs, c'est interdit. »
« On ne peut pas faire plein de bruit pendant la nuit, c'est interdit. »
« On ne peut pas faire pipi dans la piscine, c'est interdit. »
« On ne peut pas casser les carreaux du voisin, c'est interdit. »
« On ne peut pas abimer les affaires des autres, c'est interdit. »
« On ne peut pas lancer les cailloux sur les voitures, c'est interdit. »
« On ne peut pas frapper un plus petit que soi. »
« On ne peut pas pousser quelqu'un dans les escaliers. »

Les Interdits des petits et des grands,
Pittau et Gervais, © Éditions du Seuil, 2003.

LES INTERDITS

❶ Colorie les bulles qui te semblent justes.

❷ Pourquoi y a-t-il des interdits ? Complète.

Il y a des interdits pour ....

....

LES INTERDITS

1 Explique les interdits suivants en terminant les phrases.

On ne peut pas faire plein de bruit pendant la nuit parce que ....

....

On ne peut pas pousser quelqu'un dans les escaliers parce que ....

....

On ne peut pas abimer les affaires des autres parce que ....

....

On ne peut pas jeter ses déchets dans la rue parce que ....

....

2 Entoure les phrases justes.

Je ne frappe pas les autres sinon je vais être puni.	Je ne frappe pas les autres parce que je peux les blesser et parce que je les respecte.
Je ne marche pas sur les fleurs parce que la maîtresse me regarde.	Je ne marche pas sur les fleurs parce qu'elles risquent d'être écrasées.
Je ne fais pas pipi dans l'eau de la piscine parce que tout le monde se baigne dedans et ce n'est pas propre.	Je ne fais pas pipi dans l'eau de la piscine parce que le maître nageur risque de me gronder.
Il y a des règles et des lois pour qu'on ne fasse pas n'importe quoi.	Il y a des règles et des lois rien que pour nous embêter.

[FICHE ACTIVITÉ3]

Droits, interdits et règles

POUR VIVRE ENSEMBLE

1 Observe bien ces images.

POUR VIVRE ENSEMBLE

2 Découpe seulement les situations qui permettent de bien vivre ensemble.
Colle les images que tu as choisies dans le cadre.
Puis découpe et colle les étiquettes qui correspondent à chaque image.

se battre	penser aux autres	se respecter
respecter les différences	se dire bonjour	partager
se moquer	ne penser qu'à soi	s'aider
commander tout le monde	décider ensemble	

POUR VIVRE ENSEMBLE

❸ **Découpe seulement les situations qui permettent de bien vivre ensemble.**
Colle les images que tu as choisies dans le cadre.
À partir des images sélectionnées, écris les règles pour bien vivre ensemble.

RÈGLES POUR VIVRE ENSEMBLE

....

....

....

POUR VIVRE ENSEMBLE

❶ Barre les situations qui, selon toi, ne permettent pas de bien vivre ensemble.

❷ En t'aidant des images restantes, écris un petit texte pour dire ce qui est important pour bien vivre ensemble.

L'important, pour être bien tous ensemble, c'est ....

....

....

....

....

....

....

❸ À partir des images barrées, écris un petit texte pour dire tout ce qui empêche de bien vivre ensemble.

Ça ne marchera pas entre nous tant que l'on ....

....

....

....

....

....

....

❹ Parmi toutes les images, quelle est la situation que tu trouves la plus chouette ? Explique pourquoi.

....

....

....

....

....

....

SÉANCES 4 ET 5

La liberté

INFORMATIONS POUR L'ENSEIGNANT

Quoi de plus grisant que de se sentir libre ? Libre de se déplacer, libre d'aller et venir, de penser et de croire sans contrainte, ou mieux, sans crainte d'être réprimé. Car la liberté est d'abord une liberté face aux obligations. C'est la faculté de n'être pas esclave du quotidien, des autres, d'une institution quelle qu'elle soit. C'est la possibilité d'exprimer librement sa pensée ou sa créativité.

Or, un des paradoxes de la liberté, c'est qu'elle n'existe pas sans loi, c'est-à-dire sans contrainte ou, si l'on préfère, **sans restriction**. De plus, pour des philosophes comme Rousseau, Kant ou Spinoza, c'est justement la contrainte qui rend libre. La loi protège et permet d'obéir à une loi morale supérieure à ses désirs et penchants immédiats. Un monde de liberté totale, sans retenue ni barrière, serait tout simplement invivable. Ce qui revient à dire que pour être libre, il faut être amené à exercer des choix et exprimer une volonté.

La liberté, c'est aussi la possibilité de **développer une pensée intérieure** dictée par la réflexion et la raison, à l'écart de la passion. Je suis d'autant plus libre et indépendant que je peux décider en toute connaissance de cause, dans mon calme intérieur, loin de la furie des évènements. Pourtant, sommes-nous libres lorsque nous avons le sentiment de l'être ? Les contraintes peuvent être objectives, et nous les repérons comme telles. Mais des déterminismes existent aussi qui peuvent nous faire agir, y compris contre notre intérêt, en croyant bien faire, au point d'être mû par une force invisible et très contraignante. C'est notamment ce qu'exprime la notion d'*habitus* de Pierre Bourdieu, c'est-à-dire un ensemble de dispositions acquises dès la prime enfance et qui font interpréter le monde social en fonction de ces acquis. Des manières de faire, de parler, que l'on croit être librement adoptées sont, en fait, des dispositions socialement acquises, desquelles il est parfois difficile de s'affranchir.

À l'opposé, la liberté définie par Jean-Paul Sartre est, elle, une liberté qui permet d'agir sur le monde, et qui se donne la possibilité d'être dégagée des contraintes ou de les contourner. C'est, par définition, l'idéal démocratique le plus absolu.

COMMENT L'EXPLIQUER AUX ENFANTS ?

Le cadre de l'école élémentaire est précisément ce type de lieu où l'on apprend aux individus à être libre, à s'affranchir, à penser par soi-même, à exprimer ses idées… tout en étant lieu de contrainte. Contrainte des horaires, de la position des corps pendant les heures de classe, de l'autorité du maître, mais aussi contrainte de la vie collective avec d'autres élèves que l'on n'a pas choisis. Et l'école est obligatoire… Pour les enfants, le sentiment de liberté est aussi très lié à cette impossibilité chaque jour d'être parfaitement libre. Une liberté dont on sait, si on la laisse s'exprimer totalement, qu'elle devient une sorte d'anarchie. Des expériences ont été tentées dans les classes américaines des années 1950-1970. La liberté totale aboutissait au chaos et à la domination des plus forts. C'est ce qu'il faut tenter de montrer aux enfants : la liberté que l'on souhaite ne peut se faire sans règles, sans principes. C'est à ce prix que l'on peut rêver de plus de liberté, à condition d'être respectueux des autres. En travaillant autour d'une œuvre de l'artiste Ben, un peu à la manière de « Liberté, j'écris ton nom ! » de Paul Éluard, les élèves développent aussi, en parallèle, ce sentiment de responsabilité à l'égard des camarades et des adultes qui les entourent.

La Liberté guidant le peuple, Eugène Delacroix, 1830.

SÉANCE 4
Qu'est-ce que la liberté ?

DÉROULEMENT DE LA SÉANCE

Connaissances
- *Connaitre le peintre Benjamin Vautier, dit « Ben ».*
- *Connaitre la notion de liberté.*

Capacités
- *Dégager les éléments constitutifs d'un tableau spécifique (aspects formels, message...).*
- *S'organiser dans l'espace d'une feuille.*
- *Exercer sa motricité fine par l'écriture de lettres au pinceau fin.*
- *Développer son œil graphique et sa créativité.*

Lexique
- *Connaitre le sens du mot* liberté.
- *Connaitre le mot* message.
- *Comprendre un terme pictural :* contraste.

DURÉE : 45 minutes.

ÉTAPE 1 ÉCHANGE AUTOUR DU TABLEAU

DURÉE 15 minutes
ORGANISATION Collective
MATÉRIEL • Fiche document : Quelle liberté ?

Le tableau est projeté et/ou photocopié. L'enseignant présente le peintre Benjamin Vautier : son nom d'artiste est Ben, il a souvent peint des tableaux sur lesquels sont écrits des mots, des phrases. (On peut montrer d'autres œuvres de l'artiste, pour exemple, voire apporter des objets qu'il a personnalisés : trousse, cahier, etc. Cela aidera à mieux comprendre son œuvre faite de mots et d'écrits.) Puis une observation collective du tableau est effectuée : ses couleurs (écriture et fond), qui créent un contraste et provoquent une forte lisibilité des mots, son message. Oralement, un enfant lit ce qui est écrit sur le tableau. L'enseignant fait remarquer que « la phrase » n'est pas terminée mais que les points de suspension invitent à proposer des idées.

> **Quelle liberté a-t-on ? De quoi sommes-nous libres ?**

L'enseignant laisse les élèves faire des propositions : liberté de jouer, liberté de s'amuser... Pour chacune, l'enseignant invite la classe à donner son avis et nuance le propos, si nécessaire. Ainsi, pour la liberté de jouer, il demande si c'est valable ou non dans toutes les situations (en classe, par exemple). L'objectif est d'amener les enfants à comprendre que la liberté a ses limites, en fonction des situations, de la présence ou non des autres, des lois.

ÉTAPE 2 RÉALISATION D'UN TABLEAU À LA FAÇON DE BEN

DURÉE 30 minutes
ORGANISATION Individuelle
MATÉRIEL • Fiche document : Quelle liberté ?
• Feuille blanche A4
• Crayons à papier, gomme
• Feuille de papier Canson blanche
• Peinture noire ou de couleur.
• Pinceau fin
• Rouleau

L'enseignant distribue tout d'abord une feuille A4, sur laquelle les élèves effectueront une ébauche avant de passer à la peinture, et ce pour mieux gérer l'espace de la feuille. En effet, certains commenceront par écrire trop gros et n'auront pas la place de terminer leur mot tandis que d'autres écriront très petit, laissant le tableau quasiment vide.

L'enseignant explique aux enfants que, comme Ben, ils vont devoir réaliser à leur tour un petit tableau en complétant la phrase « la liberté de... ». Avant de se mettre à la réalisation plastique, les enfants vont d'abord choisir une forme de liberté (celle qui leur plait le plus). Lorsque l'idée est validée par l'enseignant, ils peuvent effectuer un brouillon sur leur feuille.

Si l'essai est concluant, l'enseignant leur propose de passer à la réalisation du tableau sur le papier Canson. Il précise que seules deux couleurs seront sélectionnées : soit le noir et blanc, comme Ben, soit deux autres couleurs choisies par les enfants, à condition de bien respecter le contraste entre les deux. Par exemple, s'ils choisissent un fond orange et une écriture jaune, le message risque de ne pas être assez lisible. L'enseignant indique également que le fond est à réaliser en premier, au rouleau. Le temps de séchage du fond effectué au rouleau est très rapide. Le temps que les enfants réalisent leur essai sur la feuille de brouillon au crayon suffit à obtenir un fond quasiment sec. Pour l'étape d'écriture, le pinceau doit être spécialement fin. Au cas où

les enfants, malgré leur essai sur feuille blanche, écriraient trop gros sur leur fond noir, il est tout à fait possible de repasser un coup de rouleau noir afin de recommencer en écrivant plus petit
L'affichage et l'observation des tableaux constitueront le lancement de la séance suivante.

REMARQUE
Un exemple de séance filmée en classe est proposé sur le , afin d'en faciliter la mise en œuvre.

SÉANCE 5
Où s'arrête ma liberté ?

DÉROULEMENT DE LA SÉANCE

Connaissances
- *Connaitre la notion de liberté.*
- *Connaitre ses limites.*

Capacités
- *Participer à un échange collectif.*
- *Donner son point de vue et argumenter ses choix.*
- *Développer son esprit critique.*

Lexique
Connaitre le mot limites.

DURÉE : 55 minutes.

ÉTAPE 1 MISE EN SITUATION

DURÉE 15 minutes
ORGANISATION Collective
MATÉRIEL • Les tableaux réalisés par les enfants.

L'enseignant procède à un regroupement autour des tableaux réalisés par les enfants lors de la séance 1.

À l'aide de ces tableaux, qui sont lus un à un, il fait rappeler un certain nombre de libertés. Il invite les élèves à évaluer si elles sont « justes » et dans quelles limites elles le sont. Le problème du contexte va alors se poser : dans l'absolu, on peut avoir la liberté de faire des choses, mais dans certaines situations, ces libertés ne sont plus valables. Puis il demande :

> A-t-on la liberté de tout faire ?

Il laisse les enfants proposer toutes sortes de réponses, en demandant de donner si possible des exemples de situations concrètes. Par exemple, la liberté de jouer est bien réelle, mais pas n'importe quand : quand il est l'heure de se coucher, il n'est plus l'heure de jouer… De même pour la liberté de rigoler : on ne rigole pas quand quelqu'un vient de tomber et s'est fait mal ; on ne rigole pas non plus lorsque l'on est en train de travailler en classe et que tout le monde est concentré.

À l'issue de l'échange, les enfants doivent comprendre que « ma liberté s'arrête là où commence celle des autres » ; autrement dit, qu'elle a des limites : « Je fais ce que je veux, certes, mais à condition de ne pas manquer de respect aux autres (et à moi-même), ni leur nuire. »

ÉTAPE 2 OBSERVATION ET CRITIQUE DE « SLOGANS » (CP ET CE1)

TRAVAIL AUTOUR DE L'ARBRE DE LA LIBERTÉ (CE2)

DURÉE 10 minutes (CP et CE1)
20 minutes (CE2)
ORGANISATION Individuelle
MATÉRIEL • Fiche activité : Acceptés ou refusés ? (CP et CE1) et L'arbre de la liberté (CE2)

CP ET CE1

L'enseignant précise que ces « tableaux » reprennent le principe de ceux qu'ils ont réalisés (à la manière de Ben), mais qu'il va falloir déterminer si les « slogans » proposés sont pertinents (définir *slogan* si la séquence 5 n'a pas été effectuée), autrement dit :

> Les formes de liberté écrites sur la fiche sont-elles pertinentes, peut-on ou non les accepter ?

Les tableaux sont lus individuellement pour les CE1 et les CE2 et oralement pour les CP, avant la réalisation de la fiche.

CE2

Bien expliquer la consigne. Dire aux enfant que l'arbre est un arbre de la liberté, comme ceux que l'on peut voir sur certaines pièces de 2 euros (afficher si possible l'image de la pièce disponible sur le CD-Rom). Expliquer que cet arbre date de la Révolution française. Il a été planté un an après la Révolution pour symboliser la liberté des Français.

L'arbre donné ici est encore petit. Préciser qu'il va falloir choisir un bon engrais, une terre riche en bons éléments pour que l'arbre se développe bien, c'est-à-dire pour que la liberté puisse être. Faire donner un exemple de ce qui peut entraver la liberté et, inversement, de ce qui l'accompagne.

ÉTAPE 3 MISE EN COMMUN ET ÉLABORATION D'UNE TRACE ÉCRITE

DURÉE 30 minutes
ORGANISATION Collective
MATÉRIEL • Fiche activité complétée

CP ET CE1

Les tableaux sont repris un à un et discutés par l'ensemble de la classe, avec ces questions en tête :

> **Est-on bien libre de faire ce qui est écrit ? Dans quelles situations ? Quelles sont les limites à cette liberté ?**

Un bon nombre de tableaux reprennent les notions abordées dans le fichier (telles que la croyance ou la non-croyance, le respect, la différence…), ce qui sera l'occasion de rappeler ce qui a été vu précédemment. Prenons l'exemple de la liberté de croire :

> **Que pensez-vous de ce tableau ? L'avez-vous entouré ? Cela ne vous rappelle rien ?**

Les enfants qui auront fait la séquence sur la croyance pourront se souvenir effectivement du fait qu'on a le droit, la liberté de croire en quelque chose ou non, sans être inquiété ou forcé.
Pour les tableaux non entourés, l'enseignant demande systématiquement quels sont les critères de refus. Ainsi, pour « la liberté de faire tout ce que je veux », une des justifications possibles est que si l'on fait tout ce que l'on veut, on risque de ne pas faire attention aux autres, de ne pas les respecter, voire de les déranger, ce qui est contraire à la liberté.

CE2

Demander à la classe quelles étiquettes ont été choisies pour faire une bonne terre. Les valider une à une en faisant expliquer en quoi ces mots permettent la liberté.
Par exemple : « *En quoi les règles et les lois sont-elles favorables à la liberté ?* » Laisser expliquer puis voir ensemble que sans loi ni règle, ce serait un grand bazar, tout le monde pourrait faire tout et n'importe quoi et la liberté de chacun ne serait alors pas assurée. Ce sont bien les lois qui permettent, justement, d'être plus libre.

Une fois que chaque tableau a été commenté (CP-CE1) et que l'arbre a été réalisé (CE2), l'enseignant amène la classe à dégager les idées principales des deux séances, afin d'élaborer collectivement une trace écrite. Par exemple :

On a tous besoin et envie de liberté : liberté de jouer, liberté de faire ce que l'on aime… Mais être libre ne signifie pas « faire tout ce que l'on veut », car on ne vit pas seul : il faut toujours faire attention à ce que sa liberté ne dérange pas celle des autres.

PROLONGEMENTS

• Étudier le poème *Pour la liberté* de Philippe Soupault.
• Lire et expliquer aux enfants la fable *Le Loup et le Chien* de Jean de La Fontaine.
• Lire l'album *Laurent tout seul* d'Anaïs Vaugelade qui aborde l'envie de braver les interdits pour s'aventurer vers l'inconnu.

QUELLE LIBERTÉ ?

la liberté de..., Ben.

la liberté de..., Ben.

CP-CE1

[FICHE ACTIVITÉ]
La liberté

ACCEPTÉS OU REFUSÉS ?

Entoure les tableaux qui te semblent justes.

la liberté de croire	la liberté de faire tout ce que je veux	la liberté de ne pas croire
la liberté de faire pipi dans la piscine	la liberté de mentir	la liberté de dire ce que je pense
la liberté de commander les autres	la liberté d'être différent	la liberté de courir partout
la liberté de rire	la liberté de dire non	la liberté de rêver

L'ARBRE DE LA LIBERTÉ

Choisis parmi les étiquettes suivantes celles qui feront un bon engrais pour que l'arbre de la liberté puisse bien se développer.

Colle ensuite ces étiquettes dans la terre et colorie ton arbre.

règles	respect	bazar
tout ce qu'on veut, comme on veut	tolérance	
lois	folie	
limites	bêtises	sans limites

SÉANCES 6 ET 7

L'égalité

INFORMATIONS POUR L'ENSEIGNANT

L'égalité est une notion morale et politique apparemment très simple mais qui se révèle, en fait, très complexe. Dans la vie sociale, l'égalité signifie que toutes les personnes doivent être traitées de la même manière, sans privilège et sans discrimination. Face aux inégalités de nature, des courants philosophiques, comme les Stoïciens, ou même religieux, tels que le christianisme (« tous à l'image de Dieu »), ont posé les bases d'une égalité naturelle entre les hommes, par-delà leurs différences. Les Lumières définissent l'égalité naturelle comme le principe et le fondement de la liberté, notamment dans l'*Encyclopédie* de Diderot et d'Alembert ; c'est aussi ce que développe Jean-Jacques Rousseau dans son *Contrat social.* Tous les hommes disposent d'une nature commune, naissent, se développent, vivent et meurent. Deux types d'égalité coexistent. Une qui est de droit, juridique, issue des principes et des réformes politiques de la Révolution française, qui assure l'égalité de traitement à chacun(e). Et une autre, l'égalité de condition, qui doit assurer à chacun(e) une existence sociale comparable. La grande critique de Karl Marx sur le libéralisme juridique issu de la Révolution française reposait sur l'idée d'une égalité de façade, sans réalité concrète, tant les écarts de fortune, de salaires et de conditions d'existence étaient grandes (et le demeurent) au XIXe siècle.

La juste répartition, qui n'est pas l'égalité au sens strict, c'est l'équité sociale, sachant que l'égalité totale est du ressort de l'utopie. La parité est venue s'ajouter à la liste des notions connexes, et s'applique au droit des femmes à l'égalité politique et à la représentation politique pour la députation, leur place dans les ministères, etc.

L'égalité est donc un idéal avant d'être une réalité sociale. Mais c'est aussi un droit.

COMMENT L'EXPLIQUER AUX ENFANTS ?

Spontanément, pour les enfants, l'égalité n'existe pas. C'est la première chose qu'ils perçoivent : il y a des gens gros et des minces, des handicapés et des valides, des forts et des faibles, des riches et des pauvres, des enfants qui meurent de faim et d'autres qui jettent dans les poubelles ce qu'ils n'ont pas terminé. L'égalité n'est donc pas pour eux un sentiment naturel. Plus tôt on leur montre que, s'il y a inégalité de fait, il n'y a aucune raison d'imposer une inégalité de droit, plus vite ils pourront comprendre le sens de la loi et des règles de vie en commun. L'égalité est précisément là pour sauvegarder les plus démunis, les plus faibles, les plus confrontés à la brutalité du monde. On développera également le sentiment selon lequel, par-delà les inégalités et les différences de fait entre les hommes, les individus appartiennent tous à la même humanité et que les inégalités n'ont pas à influencer le regard que l'on porte sur chacun. Il est important aussi de dire aux élèves (même de 6 à 8 ans) qu'il existe des textes et des accords entre les différents pays du monde pour garantir la protection des enfants. C'est le sens de la Convention des droits de l'enfant de l'Unicef.

UNICEF : *l'acronyme vient de l'anglais et signifie « Fonds international de secours à l'enfance des Nations Unies »* [United Nations International Children's Emergency Fund].
Équité : *ce qui relève de la justice et de l'impartialité ; on parle d'un « partage équitable ».*
Convention : *accord passé qui s'apparente à un contrat, qui exprime une volonté commune.*

SÉANCE 6
Qu'est-ce que l'égalité ?

DÉROULEMENT DE LA SÉANCE

Connaissances
- *Connaitre la Convention des droits de l'enfant (UNICEF).*
- *Connaitre le principe d'égalité.*

Capacités
- *Lire et comprendre un article de la Convention.*
- *Participer à un débat en donnant son point de vue.*
- *Comprendre les critères de discrimination en matière d'égalité.*
- *Compléter un texte à l'aide de mots donnés (CE1) ou en trouvant des idées nouvelles (CE2).*

Lexique
- *Connaitre le mot* égalité.
- *Rappeler le mot* droits.

DURÉE : 55 minutes.
Cette séance s'adresse aux CE1 et CE2.

ÉTAPE 1 — LECTURE ET COMPRÉHENSION DU TEXTE

DURÉE 20 minutes
ORGANISATION Individuelle
MATÉRIEL • Fiche document : La Convention des droits de l'enfant expliquée aux enfants

L'enseignant présente le document en précisant qu'il s'agit d'un extrait (une partie) d'un texte écrit sur les droits de l'enfant : la « Convention des droits de l'enfant expliquée aux enfants ». Le texte est écrit par l'UNICEF, une organisation qui s'occupe d'aider et de protéger les enfants dans le monde, précise l'enseignant. Puis, il ajoute que les enfants, comme les adultes, ont des droits, qui ont tous été énumérés dans un texte appelé la « Déclaration des droits de l'enfant » (ou rappeler ce qui a été vu en séquence 10). Il peut interroger les enfants sur les droits dont ils disposent (ou pensent disposer), sans faire de commentaires à ce stade.
La classe commence la lecture du document.

CE1 ET CE2

L'enseignant procède à une lecture orale après la lecture individuelle. Une discussion s'engage ensuite, visant à mieux comprendre et à expliquer le texte, guidée au besoin par l'enseignant à l'aide de questions. Par exemple :

> **Que signifie « être égaux » ? Est-ce que si je suis riche, je suis « au-dessus » d'une personne pauvre ? Est-ce que si je suis handicapé(e), je suis « moins important » que si je ne suis pas handicapé ? Etc.**
L'enseignant veille à structurer et à orienter les échanges. À l'issue de la discussion, les élèves doivent comprendre que malgré les inégalités de fait (riche/pauvre, handicapé/non handicapé...), les hommes, les femmes, les enfants sont égaux dans le sens où aucun ne peut se considérer supérieur ou inférieur à un autre. Tous ont droit à une égale considération.

ÉTAPE 2 APPROFONDISSEMENT

DURÉE 15-20 minutes
ORGANISATION Individuelle
MATÉRIEL • Fiche activité : Tous égaux

CE1 ET CE2

Le travail d'écriture est préparé oralement. Les enfants sont invités à donner des exemples différents de ceux que l'on trouve dans le texte. Si les élèves n'ont pas d'idées spontanément, l'enseignant peut les mettre sur la voie en évoquant des notions comme l'âge, les notes à l'école, la taille... On peut obtenir des phrases comme : *Tous les enfants sont égaux... même s'ils n'ont pas le même âge... / même s'ils n'ont pas les mêmes notes à l'école... / même s'ils ne parlent pas la même langue,* etc. Lors de la phase d'écriture, l'enseignant peut libérer les enfants de la contrainte orthographique en écrivant les mots demandés au tableau. De même, il peut aider les enfants en difficulté à formuler puis à écrire leurs phrases. Dans certains cas, pour les moins habiles, il devient même scripteur, dans une forme de dictée à l'adulte.
Pour les CE1 et les CE2, trois bulles sont à réécrire, pour lesquelles il peut suffire de trouver la phrase contraire, autrement dit de passer à la forme négative. Par exemple :

Les enfants handicapés comptent moins que les autres.
→ Les enfants handicapés ne comptent pas moins que les autres.
Pour autant, les enfants peuvent faire d'autres propositions du moment qu'ils parviennent à corriger le sens de la bulle pour la rendre juste. Par exemple :
Les garçons valent plus que les filles.
→ Les filles valent autant que les garçons.

ÉTAPE 3 MISE EN COMMUN

DURÉE 15 minutes
ORGANISATION Collective
MATÉRIEL • Fiche activité complétée

CE1

Chaque phrase du texte est reprise une à une afin de valider le choix des mots. Puis les enfants proposent leur titre, ce qui fait l'objet d'une discussion. Ainsi, si un enfant propose *L'égalité*, l'enseignant invite la classe à donner son point de vue et, si possible, demande des précisions

(sans tomber dans le jugement ou la moquerie). En l'occurrence, il peut faire ajouter l'égalité « des enfants ». De la même manière, il fait intervenir et réfléchir la classe dans le cas où un enfant propose un titre non approprié. Par exemple : Tout le monde pareil. L'enseignant peut alors questionner : « Est-ce que vous trouvez que le titre est bien choisi ? Quel est le problème de cette forme de titre ? » L'idée ici est de montrer que ce titre pourrait être mal interprété : tout le monde est identique, ce qui bien évidemment est faux.
Pour la dernière phrase, les propositions sont lues et discutées collectivement.

CE2

L'enseignant propose, pour ceux qui le souhaitent, une lecture collective de leurs phrases. Elles sont commentées et corrigées, au besoin. Pour l'exercice 2, les bulles sont lues une à une et discutées : chaque choix est argumenté, avec une mise en évidence du critère d'acceptation ou non. Par exemple, pour la bulle *Les enfants riches ont plus de droits que les autres,* l'enseignant demande : « Pourquoi n'avez-vous pas colorié cette bulle ? » Il laisse les enfants réagir avant de faire constater qu'effectivement, le fait d'avoir de l'argent ne donne pas plus de droits.
Enfin, pour le dernier exercice, les enfants proposent leurs phrases réécrites et l'enseignant demande à la classe de valider ou non, selon le critère suivant : la phrase rétablit-elle la notion d'égalité entre les uns et les autres ?

SÉANCE 7
Comment défendre l'égalité ?

DÉROULEMENT DE LA SÉANCE

Connaissances
- *Connaitre la Convention des droits de l'enfant (article 2).*
- *Connaitre le principe d'égalité.*
- *Connaitre les éléments constitutifs d'une affiche.*

Capacités
- *Défendre le principe d'égalité.*
- *Savoir réaliser une affiche « efficace ».*
- *Bien occuper l'espace d'une feuille.*

Lexique
Rappeler les mots message, slogan.

DURÉE : 1 heure.

ÉTAPE 1 RAPPEL DE LA SÉANCE PRÉCÉDENTE ET PRÉSENTATION DU TRAVAIL

DURÉE 10 minutes
ORGANISATION Collective
MATÉRIEL • Document : « Tous différents, tous respectés »

L'enseignant amène la classe à se rappeler le contenu de la séance précédente : les enfants sont égaux quels que soient leur langue, leur couleur de peau, leur sexe, leur croyance, leur milieu familial (riche ou pauvre), etc. Il explique que malgré la Déclaration des droits de l'homme (et de l'enfant), il existe certains pays, certaines personnes qui ne respectent pas l'égalité. Par exemple, ils traitent différemment les hommes et les femmes, ils jugent en fonction de la couleur de peau. L'enseignant peut également aborder la question des pays dans lesquels les filles ne vont pas à l'école, à la différence des garçons. Par exemple, au Rajasthan, au nord de l'Inde, on considère que la tâche des filles est de rester à la maison et non d'apprendre.
L'enseignant demande alors :

> **Que pourrait-on faire pour rappeler à ces gens, ces pays, qu'un garçon et une fille ou qu'un noir et un blanc (par exemple) doivent être traités à égalité ?**

Les enfants font des propositions puis, si personne n'avance l'idée, il propose lui-même de réaliser une affiche en faveur de l'égalité. Pourquoi une affiche ? Parce que, comme les enfants l'ont vu lors de séances précédentes, c'est un moyen de communiquer un message publiquement et de défendre les valeurs auxquelles on croit.
Le document de la séance 8 (p. 143) : « Tous différents, tous respectés » est ici réinvesti comme exemple pour le travail de création d'affiche à réaliser dans le 2e temps. La composition de l'affiche est observée (slogan, image...).
L'enseignant annonce ensuite aux élèves qu'ils vont devoir à leur tour dessiner des personnages, tous différents, qui vont être rassemblés pour illustrer l'idée d'égalité. Une fois l'affiche créée, le slogan sera recherché collectivement.

ÉTAPE 2 RÉALISATION D'UNE AFFICHE COLLECTIVE

DURÉE 30 minutes
ORGANISATION Individuelle pour une affiche finale collective
MATÉRIEL • Petite feuille individuelle de papier Canson
• Grande feuille collective de papier Canson
• Feutres
• Crayons de couleur
• Colle

L'enseignant explique le travail à réaliser : chaque enfant est invité à dessiner un personnage sur une petite feuille Canson (le format est à déterminer selon la taille de la feuille collective). Ces dessins seront ensuite tous rassemblés et collés sur une grande feuille Canson sur laquelle il restera à trouver, collectivement, un slogan (lors du 3e temps). L'enseignant précise que plus il y a de personnages différents mieux c'est pour illustrer l'égalité : « Vous pouvez choisir de dessiner un garçon, une fille, un blanc, un noir, un petit, un grand, un personnage handicapé, un mince, un gros, etc. » En fonction du personnage choisi, les enfants peuvent réaliser un portrait ou un personnage en pied, selon ce qu'ils souhaitent montrer.

Les enfants commencent par dessiner le personnage choisi au crayon sur la petite feuille. L'enseignant veille à ce que celui-ci ne soit pas trop petit, et que l'espace de la feuille soit bien rempli, afin que le dessin soit lisible. Lorsque le dessin est correctement réalisé, l'enfant peut le colorier au feutre puis réalise un fond de couleur au crayon de couleur (l'enseignant peut imposer la même couleur de fond pour tous les dessins).

Lorsque l'enseignant a rassemblé tous les dessins, il les colle sur la grande feuille, bien alignés et en colonnes, en laissant la place pour écrire le slogan final.

ÉTAPE 3 FINALISATION DE L'AFFICHE ET ÉLABORATION D'UNE TRACE ÉCRITE

DURÉE 20 minutes
ORGANISATION Collective
MATÉRIEL • L'affiche réalisée
• Un marqueur noir

Les enfants sont rassemblés devant l'affiche. Ils l'observent un moment avant d'entamer un échange autour des différents personnages. L'enseignant invite à les décrire. Puis il rappelle la consigne :

> **À présent, il nous reste à écrire le message, le slogan, pour l'égalité. Que pourrait-on dire à partir de tous ces dessins ?**

Si les enfants peinent à trouver des idées, l'enseignant peut mettre sur la voie en faisant un rappel de l'article de la Convention vu en séance 1 : « Le texte disait que même si nous sommes tous différents, que nous ne parlons pas la même langue, que nous n'avons pas la même couleur de peau, que nous ne venons pas du même pays, que nous ne croyons pas aux mêmes choses... nous devons tous être traités à égalité. Alors que pouvons-nous écrire ? » La classe peut proposer des slogans comme :

- *Tous différents et tous égaux.*
- *Nous sommes tous à égalité.*
- *Vive l'égalité !*

Une fois le slogan choisi par la classe, l'enseignant l'écrit lui-même très lisiblement sur l'affiche à l'aide d'un marqueur. Cette œuvre collective peut rester affichée en classe toute l'année.

Puis une trace écrite est élaborée collectivement, par exemple :

Tous les enfants sont égaux, comme les adultes. Malgré les différences, aucun enfant ne doit être mieux ou moins bien traité qu'un autre.
Tous les enfants doivent être respectés à égalité.

PROLONGEMENT

Lire (ou faire lire) le petit livre *Égalité,* très parlant, d'Agnès Rosenstiehl.

LA CONVENTION DES DROITS DE L'ENFANT EXPLIQUÉE AUX ENFANTS

Article 2

Tous les enfants sont égaux [...] :

- même si les enfants viennent d'un autre pays que toi
- même s'ils ont une autre couleur de peau que toi
- même s'ils sont d'un autre sexe que toi
- même s'ils parlent une autre langue que toi
- même s'ils croient à un autre Dieu que toi ou ne croient à aucun Dieu
- même si eux-mêmes ou leurs parents pensent autrement que toi
- même s'ils sont plus riches ou plus pauvres que toi
- même s'ils sont handicapés.

© UNICEF Suisse.

Article 2

Tous les enfants sont égaux [...] :

- même si les enfants viennent d'un autre pays que toi
- même s'ils ont une autre couleur de peau que toi
- même s'ils sont d'un autre sexe que toi
- même s'ils parlent une autre langue que toi
- même s'ils croient à un autre Dieu que toi ou ne croient à aucun Dieu
- même si eux-mêmes ou leurs parents pensent autrement que toi
- même s'ils sont plus riches ou plus pauvres que toi
- même s'ils sont handicapés.

© UNICEF Suisse.

[FICHE ACTIVITÉ]
L'égalité

TOUS ÉGAUX

❶ **Complète le texte en t'aidant des mots ci-dessous.**

❷ **Une fois complété, donne un titre à ce texte et écris-le dans le cadre.**

....

langue — pays — garçon — fille — couleur de peau — Dieu

riches — aucun Dieu — handicapés — autrement — égaux — pauvres

Tous les enfants sont ....

... même si les enfants viennent d'un autre ....

... même s'ils ont une autre ....

... même s'ils parlent une autre ....

... même s'ils croient à un autre .... ou ne croient à ....

... même si eux-mêmes ou leurs parents pensent ....

... même s'ils sont .... ou ....

... même s'ils sont ....

Et qu'ils soient .... ou ....

❸ **Complète cette phrase avec tes mots.**

Même si on est tous différents, on doit tous être ....

....

CE2

[FICHE ACTIVITÉ]

L'égalité

TOUS ÉGAUX

❶ Continue le texte avec tes propres idées.

Tous les enfants sont égaux...

... même si ....

... même si ....

... même si ....

❷ Colorie les bulles qui te semblent justes.

Les enfants handicapés comptent moins que les autres.

Les plus grands n'ont pas tous les droits.

L'égalité c'est pour que tout le monde soit respecté.

Les enfants riches ont plus de droits que les autres.

Les garçons valent plus que les filles.

❸ Réécris les bulles non coloriées pour qu'elles deviennent justes.

« ....

.... »

« ....

.... »

« ....

.... »

[FICHE DOCUMENT A]

Les symboles de la République

JOUR DE FÊTE

Rue Montorgueil, Claude Monet, 1878.

SÉANCE 8

La fraternité

INFORMATIONS POUR L'ENSEIGNANT

Étymologiquement, la fraternité vient de *frater*, qui signifie « frère ». Il s'agit donc d'une relation qui unit des frères entre eux, avant que la notion ne s'étende à une vision plus symbolique, entre des hommes ou des peuples. On ne s'en souvient pas toujours, mais la notion de fraternité apparait dès l'article 1 de la Déclaration universelle des droits de l'homme : « Tous les êtres humains naissent libres et égaux en dignité et en droits. Ils sont doués de raison et de conscience et doivent agir les uns envers les autres dans un esprit de fraternité. » Ce qui signifie que la notion de fraternité est inséparable des valeurs de **tolérance**, de **respect** et d'**égalité**. Le généticien Albert Jacquart l'écrivait : « La fraternité a pour résultat de diminuer les inégalités tout en préservant ce qui est précieux comme la différence. »

On peut être dans des valeurs de camaraderie, de fraternité, lorsqu'on vit la même expérience sociale – l'école, le sport, l'association, et même le travail –, lorsqu'un même enjeu est partagé par un groupe de personnes décidées à œuvrer pour la même cause et le même objectif. À un niveau plus institutionnel, les rassemblements diplomatiques entre nations peuvent faire l'objet d'une terminologie fondée sur la paix et la fraternité. C'est le cas de l'idéal de la construction européenne, anticipée par le poète Victor Hugo : « Et de l'union des libertés, dans la fraternité des peuples, naîtra la sympathie des âmes, germe de cet immense avenir où commencera pour le genre humain la vie universelle et que l'on appellera la paix de l'Europe. »

COMMENT L'EXPLIQUER AUX ENFANTS ?

La fraternité, c'est le plaisir de faire des choses **ensemble**, gagner un match, élaborer et concevoir un projet commun, partir en classes de découverte et se découvrir des points communs avec d'autres. C'est aussi comprendre qu'on partage tous une même aventure. Il s'agit d'un sentiment souvent très fort. Souvent, on n'est jamais aussi fort qu'ensemble, pour un projet collectif que l'on ne peut réaliser seul. L'union fait la force ; le sentiment de victoire est d'autant plus beau quand il est partagé, dans une fraternité pleinement vécue : les sportifs le savent bien, les musiciens aussi, les élèves en chorale également.

Il s'agit de réfléchir avec les élèves à la façon de développer des sentiments et des actes de fraternité, de camaraderie et d'entraide mutuelle.

REMARQUE

Une variante à cette séance (davantage pour les CP) est proposée dans le . Destinée aux lecteurs moins habiles, elle s'appuie sur un poème plus court orienté sur l'idée du bonheur.

Partage : *fait de diviser un bien ou une idée, en plusieurs parties ou à plusieurs.*
Fraternité : *fait de se sentir solidaires et unis autour d'un même idéal, d'une même expérience humaine.*

SÉANCE 8
Qu'est-ce que la fraternité ?

DÉROULEMENT DE LA SÉANCE

Connaissances
- *Connaitre le principe de fraternité.*
- *Connaitre les fondements des comportements d'entraide.*

Capacités
- *Lire un poème et en comprendre le sens.*
- *Comprendre l'intérêt de relations fraternelles.*
- *Prendre part à un échange oral et justifier ses choix.*
- *Savoir trouver des idées de comportements fraternels. (CE1/CE2)*
- *Être capable de différencier son intérêt particulier de l'intérêt général.*

Lexique
- *Connaitre le mot* fraternité.
- *Connaitre différentes expressions exprimant l'idée de fraternité. (CE1/CE2)*

DURÉE : 50-55 minutes.
Cette séance s'adresse aux CE1 et CE2.

ÉTAPE 1 LECTURE ET RÉFLEXION AUTOUR DU POÈME

DURÉE 20 minutes
ORGANISATION Collective
MATÉRIEL • Fiche document : Le cœur trop petit

L'enseignant présente le texte : il s'agit d'un poème dont l'auteur est Jean Rousselot.

CE1 ET CE2

Ils lisent seuls le poème, dans un premier temps.

> **De quoi parle ce poème ? Que veut faire le vent ?**

L'enseignant prend le temps de bien montrer comment le vent veut venir en aide aux autres, notamment à ceux qui ont faim et froid, en les réchauffant et en les nourrissant. Puis il amène les enfants à parler de la pluie, qui vient contrarier ses projets : elle « éteint » le vent et mouille le pain, ce qui rend l'aide impossible. Enfin, l'enseignant fait relire la fin (*Mais mon histoire n'est pas à croire…*) et demande :

> **Que nous dit finalement ce poème ? Cette histoire de vent et de pluie n'est-elle pas à croire ? Si des hommes ont faim et froid, à qui la faute ? Pourquoi l'homme est mis en cause ? Que signifie avoir *le cœur trop petit* ?**

L'objectif est d'amener les enfants à comprendre que le vent peut représenter un enfant ou une personne tournée vers les autres, croyant à la fraternité. Si son projet n'aboutit pas, c'est qu'elle en a été empêchée, justement par manque d'esprit fraternel de la part des autres hommes. Ainsi, l'absence de fraternité (ce à quoi renvoie *le cœur trop petit*) peut mettre certains dans des situations de difficulté, de misère.

Au tableau, l'enseignant peut écrire le mot *Fraternité* en précisant que la poésie porte sur ce thème-là. C'est-à-dire le fait d'entretenir des relations amicales, solidaires envers les uns et les autres, qui favorisent le partage et la prise en considération de chacun. Se comporter comme si l'on était proche, un peu comme des frères.

Une question reste en suspend, à l'issue de cette étude, qui peut être posée aux élèves :

> **Pourquoi l'auteur écrit-il à la fin *l'homme, ce dromadaire* ?**

Plusieurs réponses sont possibles : Est-ce parce que l'on qualifie parfois l'homme de « chameau », lorsqu'il se comporte mal ? Dans ce cas, ce serait un jeu de mots ? Dans tous les cas, la réponse n'appartient qu'à l'auteur ; rien n'empêche de dire aux enfants que la question reste posée, et peut être sans réponse précise.

ÉTAPE 2 RÉFLEXION AUTOUR DE SITUATIONS D'ENTRAIDE ET DE FRATERNITÉ

ORGANISATION Individuelle
DURÉE 15-20 minutes
MATÉRIEL • Fiche activité : Ensemble

CE1

L'enseignant peut aider au lancement de l'exercice 1, en posant des questions orales.

> **À qui peut-on venir en aide ? Qui sont les gens qui ont besoin d'aide ? Qui peut proposer un exemple de ce qu'il ferait pour les autres ?**

Les réponses seront enrichies lors de la mise en commun.

Pour l'exercice 3, les enfants sélectionnent les expressions en s'appuyant sur leurs connaissances et leur intuition.

CE2

Rappeler au besoin ce qu'est un verbe et préciser qu'ils seront proposés à l'infinitif dans l'exercice 2. Pour l'exercice 3, indiquer que l'on peut s'appuyer sur le texte de Victor Hugo à condition d'imaginer une autre situation. Enfin, pour le dernier exercice, rappeler ce que sont les mots de la même famille (un radical commun et un rapport de sens).

ÉTAPE 3 MISE EN COMMUN ET ÉLABORATION D'UNE TRACE ÉCRITE

DURÉE 15 minutes
ORGANISATION Collective
MATÉRIEL • Fiche activité complétée

CE1

Lorsque le travail est terminé, les enfants peuvent lire collectivement leur production écrite et en discuter afin de valider ou non les idées proposées. La mise en commun de la deuxième activité va permettre un approfondissement du premier temps. En effet, elle donne l'occasion d'interroger les élèves sur le rapport des uns aux autres.

> **Pourquoi peut-on dire que les hommes ne pensent pas assez aux autres ? Comment faire pour ne pas être égoïste ?**

Les enfants peuvent proposer, par exemple : partager, se mettre à la place des autres, ne pas penser qu'à soi, etc.
Pour l'exercice 3, chaque expression comportant le mot *cœur* est lue et expliquée, afin d'effectuer une validation collective des réponses. Les expressions entourées sont : *avoir bon cœur, avoir le cœur sur la main.*

CE2

Les questions sont reprises une à une. Les verbes proposés pour l'exercice 1 peuvent être : *partager, considérer, respecter, donner*... Écouter ensuite les petits textes de l'exercice 3 et voir collectivement si la situation proposée a un rapport avec la fraternité. Que se passe-t-il ? Quelle est l'action ? (*Du partage, de la considération pour l'autre*...). L'activité 4 permet de conclure que la fraternité vaut avec tous et entre tous. Il ne s'agit pas de croire que c'est uniquement une aide aux plus démunis, aux gens fragiles. La fraternité vaut avec mon voisin, le boulanger, mes frères, les gens qui habitent près ou loin... C'est un état d'esprit.
Enfin, le mot de la fin : frère. Les élèves seront sans doute surpris car ils ne repèreront pas le même radical dans *fraternité* et *frère*. Expliquer qu'effectivement, en français, le radical commun est beaucoup modifié mais que le mot *fraternité* est bien de la famille de *frère* (d'où l'idée de se comporter en frères).

Enfin, l'enseignant aide la classe à rassembler les idées principales de la séance afin d'élaborer une trace écrite, telle que :

La fraternité, c'est le fait de se comporter comme des frères et de s'aider les uns les autres. C'est aussi une façon de se mettre tous ensemble pour réaliser de belles choses. Ensemble, on est plus fort.

PHRASE IMPORTANTE

Pour clore la séquence, l'enseignant peut proposer cette maxime qui résume l'ensemble de ce qui a été vu :
L'union fait la force.

PROLONGEMENTS

• Lire l'histoire de *Pilotin* de Léo Lionni, qui aborde la force du rassemblement.
• Lire et faire discuter la classe autour de l'album *L'agneau qui ne voulait pas être un mouton* de Zad et Didier Jean.

CE1-CE2

LE CŒUR TROP PETIT

Quand je serai grand
Dit le petit vent
J'abattrai
La forêt
Et donnerai du bois
À tous ceux qui ont froid.
Quand je serai grand
Dit le petit vent
Je nourrirai tous ceux
Qui ont le ventre creux[1].
Là-dessus s'en vient
La petite pluie
Qui n'a l'air de rien
Abattre le vent
Détremper[2] le pain
Et tout comme avant
Les pauvres ont froid
Les pauvres ont faim.
Mais mon histoire
N'est pas à croire :
Si le pain manque et s'il fait froid sur terre
Ce n'est pas la faute à la pluie
Mais à l'homme, ce dromadaire
Qu'a le cœur beaucoup trop petit.

Jean Rousselot,
Nouveaux trésors de la poésie enfantine,
© Le cherche midi éditeur.

[1] Avoir le ventre creux : n'avoir pas beaucoup mangé, avoir faim.
[2] Détremper : mouiller, ramollir.

[FICHE ACTIVITÉ]
La fraternité

ENSEMBLE

1 Comme dans le poème, écris ce que tu pourrais faire pour aider les autres quand tu seras grand(e).

Quand je serai grand(e)…

… je ....

… je ....

… je ....

2 *C'est la faute à l'homme […] qu'a le cœur beaucoup trop petit.*
À ton avis, que veut dire Jean Rousselot ? Écris *oui* ou *non*.

- Les hommes sont fraternels. ....
- Les hommes ne pensent pas assez aux autres. ....
- Les hommes n'ont pas le cœur assez grand pour aider les autres. ....
- Ce n'est pas parce qu'on n'a pas de problèmes qu'il faut oublier ceux qui en ont. ....

3 Parmi les expressions suivantes, entoure celles qui ont un rapport avec la fraternité.

avoir bon cœur

avoir le cœur en fête

avoir le cœur gros

Connaitre par cœur

avoir le cœur sur la main

avoir un cœur de pierre

ENSEMBLE

Tous les mardis, je donne à diner à quinze petits enfants pauvres, choisis parmi les plus indigents de l'ile, et ma famille et moi, nous les servons ; je tâche, par là, de faire comprendre l'égalité et la fraternité.*

* indigent : très pauvre.

Victor Hugo

1 Entoure dans ce texte le verbe qui, selon toi, illustre le mieux la fraternité.

2 Propose trois autres verbes qui vont dans le sens de la fraternité.

....

....

3 À ton tour d'imaginer ce que tu ferais tous les mardis pour faire comprendre à tes proches la fraternité.

Tous les mardis, je ....

....

....

....

4 On peut développer des liens de fraternité avec des gens qui ont froid, avec des gens qui ont faim… Et avec qui d'autre ?

....

....

5 Devinette :

C'est un mot de la famille de fraternité.
C'est un mot que tu connais bien.

Quel est ce mot ? ....

SÉANCE 9

Les symboles de la République

INFORMATIONS POUR L'ENSEIGNANT

La République française est fondée sur de grands principes, des valeurs morales et se reconnait à des symboles : fête nationale, devise, drapeau, Marianne et son bonnet phrygien, hymne. Au cycle 2, il convient de dire ces valeurs et de permettre aux enfants d'identifier et de reconnaitre ces symboles. La République est une forme de gouvernement, avec des valeurs qui s'enracinent dans la Révolution française, évènement fondateur de notre modernité politique.

La **fête nationale** du 14 juillet vient d'une journée révolutionnaire de l'année 1789. La prison de la Bastille est assiégée, moment anecdotique des évènements parisiens de cette période… ; mais symbolique aussi, car la Bastille représente l'arbitraire royal. La fête de la Fédération (réunie le 14 juillet 1790), censée représenter l'alliance du roi et de la nation, marque le début de la postérité de cette journée, même si la fête nationale ne sera officielle qu'en 1880, quand la IIIe République cherche un jour à célébrer pour unir tous les Français (c'est alors à la fois la prise de la Bastille qui sera retenue, et la fête de la Fédération).

La **devise** révolutionnaire « Liberté, égalité, Fraternité » s'installe très vite dans les débats révolutionnaires. Elle est la devise aussi sous la iie République et s'inscrit sur tous les bâtiments officiels en 1880 seulement, en laissant dans le paysage français des monuments (mairie, école, etc.) à l'affirmation ostentatoire des principes fondamentaux de la Révolution et de la République.

Le **drapeau tricolore** est issu de la même période de l'histoire : il représente la ville de Paris (aux couleurs bleue et rouge) encadrant la couleur de la royauté, le blanc. Comme un symbole d'une royauté devenue constitutionnelle, sous le contrôle du peuple révolutionnaire.

La **Marianne**, elle aussi révolutionnaire, devient le symbole du peuple (ou de la France personnifiée). Elle porte un **bonnet phrygien** qui, dans l'Antiquité, représente le bonnet des esclaves affranchis, libérés de la servitude à Rome. Elle symbolise la liberté du peuple français, et n'apparait qu'au moment de la proclamation de la Ire République, en 1792, quand la France décide de ne plus avoir de roi.

Cette Marianne est exactement contemporaine de l'**hymne national**, **La Marseillaise.** Écrite par Rouget de Lisle, officier français et auteur de poésie et de pièces de théâtre, **La Marseillaise** est composée pour les armées du Rhin, quand la Révolution est en danger, menacée aux frontières par les troupes autrichiennes qui sont décidées à l'écraser. Ce sont les volontaires venus du Midi, de Montpellier et de Marseille, remontant sur Paris au son de la chanson de Rouget de Lisle, qui popularisent cet hymne guerrier. En 1795, **La Marseillaise** devient hymne national ; elle disparait au XIXe siècle, quand la République est remplacée par des périodes de monarchie et d'empire (1802-1879), pour redevenir l'hymne national au début de la IIIe République.

L'histoire de ces principes montre aussi qu'il s'agit d'idées sans cesse en combat, d'idées à défendre, dans la sauvegarde d'un héritage dont l'idéal est d'apprendre à vivre ensemble.

COMMENT L'EXPLIQUER AUX ÉLÈVES ?

Il s'agit, au cycle 2, de faire en sorte que les élèves reconnaissent les symboles de la République (au CP, c'est la reconnaissance du drapeau qui

> **Devise :** *petite phrase ou groupe de mots qui disent les valeurs d'un pays.*
> **Symbole :** *manière dont on représente une idée.*
> **République :** *manière de gouverner un pays où les pouvoirs sont séparés.*

est privilégiée). Non dans l'idée d'un endoctrinement, mais bien dans ce que ces principes nous disent. Ils regroupent en effet l'essentiel de ce qui est développé en éducation civique et morale, en revenant à ces fondamentaux : la liberté, l'égalité et la fraternité. Pas seulement dans la vie politique, mais aussi dans la vie de tous les jours. Pour que ces valeurs ne soient pas lettres mortes, simple doctrine républicaine, et que les élèves comprennent que, dans leur vie quotidienne comme à la télévision, ces valeurs doivent s'éprouver chaque jour, se vivre, mais aussi se défendre. Et cela passe par le regard sur les autres, mais aussi sur soi, sur ses actions, sur sa responsabilité d'être humain, sur la façon dont on se comporte, dont on respecte les autres.

Le 14 juillet.

SÉANCE 9
Quels sont les symboles de mon pays ?

DÉROULEMENT DE LA SÉANCE

Connaissances
- *Connaitre les symboles de la République et leur histoire.*
- *Connaitre un tableau de Claude Monet.*
- *Connaitre les notions de respect, partage, égalité, liberté, amitié.*

Capacités
- *Observer et décrire un tableau.*
- *Comprendre l'origine et les valeurs des symboles de la République.*
- *Développer son imaginaire.*

Lexique
- *Connaitre les mots* drapeau, devise, hymne, fête nationale.

DURÉE : Environ 1 heure.

ÉTAPE 1 DESCRIPTION DU TABLEAU ET MISE EN ÉVIDENCE DES SYMBOLES DE LA RÉPUBLIQUE

DURÉE 15 minutes
ORGANISATION Collective
MATÉRIEL • Fiche document A : Jour de fête
• Éventuellement : *La Marseillaise* à écouter (CE1/CE2).

Le tableau est projeté et/ou photocopié (de préférence en couleur). À défaut, l'enseignant en montre une reproduction en couleur. Il présente l'œuvre : elle est peinte par Claude Monet et intitulée *Rue Montorgueil*. Il précise que cette rue se trouve dans Paris et que ce tableau est daté de plus de 130 ans (1878).
Il demande aux enfants ce qui est représenté ici : ce que l'on voit, ce qui s'y passe. La classe fait des propositions, des hypothèses. Puis l'enseignant aide à la lecture de l'œuvre en posant des questions plus précises :

> **Qu'est-ce qu'on remarque dans la rue ? Et aux fenêtres, que font les gens ? Pourquoi lèvent-ils tous leur drapeau ? De quel drapeau s'agit-il ?**

Une fois que les enfants ont donné quelques idées, l'enseignant explique la scène : c'est un jour de fête, c'est la fête nationale. Il demande s'ils savent quel jour elle a lieu puis continue : cette année-là, la fête s'est déroulée exceptionnellement le 30 juin au lieu du 14 juillet. En effet, les Français célébraient également la fin d'une grande exposition universelle. Il fait remarquer un détail important, les drapeaux :

> **Pourquoi sort-on le drapeau ? À quoi sert-il ?**

Les élèves émettent des hypothèses, puis l'enseignant précise que, dans chaque pays, il existe des objets, des chansons, des symboles qui représentent le pays et qui sont utilisés dans les grandes occasions nationales : fête nationale (14 juillet), journées de commémoration (8 mai, 11 novembre), soutien des équipes de France dans tous les sports... Outre le drapeau, il y a aussi, précise l'enseignant, ce qu'on appelle un hymne : chaque pays a choisi une musique qui le représente.

CE1 ET CE2

L'enseignant demande aux enfants s'ils connaissent l'hymne de la France et peut faire écouter *La Marseillaise*.

ÉTAPE 2 APPROFONDISSEMENT

DURÉE • 20 minutes au CE1 et au CE2
• 25 minutes au CP.
ORGANISATION Individuelle
MATÉRIEL • Fiche activité : Un symbole : le drapeau
• Planche de drapeaux donnés en exemple

CP

Le texte et les consignes sont lus collectivement et l'enseignant prend le temps de bien expliquer le travail demandé dans le dernier exercice. Il s'arrête sur chaque pays proposé et fait redire par la classe ce que signifie : respect, partage, liberté, égalité, amitié (notions vues dans les séquences précédentes). Si des enfants proposent une autre idée de pays imaginaire, il est possible de l'accepter, à condition qu'il corresponde à des valeurs morales et citoyennes. Ensuite, il demande aux enfants de quoi est composé un drapeau : des formes simples et des couleurs choisies pour leur évocation. L'important est que les enfants comprennent que sur le drapeau ne figurent pas des dessins à proprement parler, mais plutôt des symboles représentés par des

formes géométriques. Puis l'enseignant propose aux enfants d'observer quelques modèles de drapeaux à l'aide des exemples fournis sur le [CD].
L'enseignant peut alors faire rechercher quelques exemples de ce que pourraient être les drapeaux de l'exercice 3. Par exemple, il demande, pour le drapeau du pays de la liberté : « Quelles couleurs l'évoquent ? Quels symboles ? » Dans tous les cas, l'enseignant se tient disponible pour aider les enfants qui seraient sans idées.

CE1 ET CE2

Tous les symboles de la France sont traités. Les consignes sont lues collectivement et l'enseignant s'assure de la bonne compréhension de la deuxième consigne. Il précise que, pour chaque symbole, une information est donnée dans le texte. Il faut la trouver, la sélectionner puis la recopier. Il s'agit généralement d'une phrase entière, de la majuscule au point, mais l'on peut accepter que les enfants ne sélectionnent qu'une partie de la phrase du moment qu'elle explique l'origine du symbole. C'est le cas précisément pour la phrase associée à l'hymne national. Compte tenu de sa longueur, l'enfant peut écrire seulement : *... et les soldats venus de Marseille chantèrent une chanson qui est devenue celle de la France : on l'appelle l'hymne national.* Pour les autres symboles, les phrases étant suffisamment courtes, il est préférable que les enfants les recopient intégralement.

ÉTAPE 3 MISE EN COMMUN ET ÉLABORATION D'UNE TRACE ÉCRITE

DURÉE • 20 minutes au CE1 et au CE2.
• 25 minutes au CP.
ORGANISATION Collective.
MATÉRIEL • Fiche activité complétée
• Fiche document B : Les symboles de la République

CP

Le petit texte est d'abord relu collectivement, ce qui donne l'occasion de rappeler la composition du drapeau français. Ensuite, la classe est regroupée devant les drapeaux affichés. Les enfants expliquent quel pays ils ont choisi et comment leur drapeau le représente. Ils justifient ainsi le choix des couleurs, le découpage du drapeau, les formes choisies... Chaque proposition est discutée par la classe.

CE1 ET CE2

Le texte est lu collectivement puis chaque symbole est pris un à un, nommé puis relié au passage du texte qui lui correspond. Voici les réponses à fournir :
• Marianne : *Pour représenter cette liberté, ils ont choisi la figure d'une femme appelée Marianne.*
• Le drapeau français : *Un nouveau drapeau a été choisi : bleu, blanc, rouge.*
• La Marseillaise : *Comme la famille et les amis du roi et de la reine voulaient supprimer la liberté, une guerre commença et les soldats venus de Marseille chantèrent une chanson qui est devenue celle de la France : on l'appelle l'hymne national.*
• La devise : *Et les hommes ont décidé que trois nouveaux mots représenteraient désormais la France : Liberté, Égalité, Fraternité. Ce sera la nouvelle devise.*
Le document est alors affiché. Tous les symboles sont repris un à un, notamment au CE1. Il peut servir de support à l'élaboration de la trace écrite et peut rester affiché tout au long de l'année.
Voici des exemples de traces écrites élaborées collectivement :
• Proposition pour le CP :

Chaque pays a un drapeau.
Chaque drapeau représente le pays par ses couleurs et ses formes.
On sort les drapeaux pour les fêtes du pays. En France, c'est le 14 juillet, le 11 novembre et le 8 mai.

• Proposition pour les CE1 et les CE2 :

La France est représentée par différents symboles : le drapeau français, Marianne, l'hymne (La Marseillaise) et la devise Liberté, Égalité, Fraternité. Ces symboles rappellent la Révolution française et la liberté du peuple contre le roi.

JOUR DE FÊTE

Rue Montorgueil, Claude Monet, 1878.

UN SYMBOLE : LE DRAPEAU

❶ Lis ce texte.

Le drapeau français a trois couleurs. À gauche, le bleu. À droite, le rouge.
Ces deux couleurs sont les couleurs de la ville de Paris.
Au milieu se trouve le blanc qui était la couleur du roi de France.

❷ Colorie le drapeau français.

❸ Invente et colorie le drapeau d'un pays imaginaire. Choisis celui que tu préfères :

le pays du respect — le pays du partage — le pays de l'égalité

le pays de la liberté — le pays de l'amitié

LES SYMBOLES DE LA FRANCE

❶ Lis ce texte.

Au temps des rois, il y a plus de 200 ans, les Français étaient très mécontents. Ils ont fait la Révolution contre le roi Louis XVI. Un nouveau drapeau a été choisi : bleu, blanc, rouge. Plus tard, les hommes ont décidé que trois nouveaux mots représenteraient désormais la France : Liberté, Égalité, Fraternité. Ce sera la nouvelle devise. Comme la famille et les amis du roi et de la reine voulaient supprimer la liberté, une guerre commença et les soldats venus de Marseille chantèrent une chanson qui est devenue celle de la France : on l'appelle La Marseillaise ; c'est l'hymne national. Quand le roi perdit son pouvoir, les hommes décidèrent de diriger le pays autrement, avec plus de liberté pour tous. Pour représenter cette liberté, ils ont choisi la figure d'une femme appelée Marianne.

❷ Écris, sous chaque image, son nom : *La Marseillaise, Marianne, le drapeau français, la devise.* Puis recopie, dans le cadre, la phrase du texte qui correspond à chaque image.

LES SYMBOLES DE LA FRANCE

Le drapeau français

Marianne

La Marseillaise

La devise

Installer le DVD-Rom

Sur PC : Insérer le disque dans votre lecteur, l'installation se lance automatiquement (elle peut prendre quelques minutes). Si ce n'est pas le cas, aller dans le « Poste de travail » (menu « Démarrer »), cliquer sur le fichier « Enseignement_moral_et_civique_C2_PC.exe » et suivre les étapes d'installation jusqu'à la fin. Une icone s'affiche alors sur le « Bureau » : double cliquer dessus pour lancer le DVD-Rom.
Sur Mac : Insérer le disque dans votre lecteur. Cliquer sur « Enseignement_moral_et_civique_C2_MAC.dmg », glisser l'application dans le dossier « Applications » et double cliquer sur « Enseignement_moral_et_civique_C2_Retz ».
L'insertion du DVD-Rom n'est plus nécessaire une fois l'application installée sur l'ordinateur (Mac et PC).

- Cliquer sur le logo pour accéder au site des éditions Retz
- Cliquer sur le thème souhaité pour accéder aux ressources

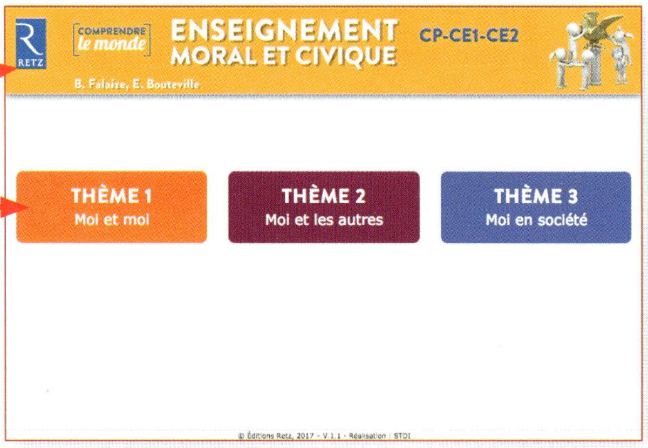

- Cliquer sur le bandeau supérieur pour retourner à l'écran d'accueil
- Le nom du thème sélectionné s'affiche en couleur
- Cliquer sur ces boutons pour accéder directement aux autres thèmes sans repasser par l'écran d'accueil
- L'ensemble des ressources associées au thème s'affiche dans la partie droite de l'écran

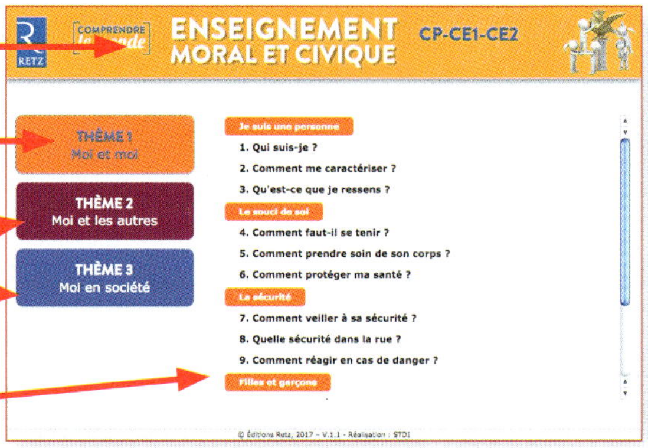

Dans la même collection